KB163948

청소년들의 진로와 직업 탐색을 위한
잡프러포즈 시리즈 01

정 의 롭 다 면

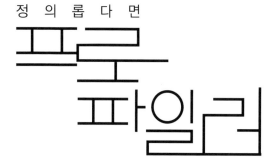

프로
파일러

정 의 롭 다 면

프로
파일러

고준채 지음

법에 대한 존경심보다는
먼저 정의에 대한 존경심을
기르는 것이 바람직하다.

− 헨리 데이비드 소로우 Henry David Thoreau −

인간은 부당해도, 신은 공정하다.
결국 정의가 승리한다.

- 헨리 워즈워드 롱펠로우 Henry Wadsworth Longfellow -

C·O·N·T·E·N·T·S

C·O·N·T·E·N·T·S

프로파일러 고준채의
프러포즈

**프로파일러
고준채의
프러포즈**

안녕하세요.
프로파일러 특채 1기
현재 경기남부경찰청 경찰–국과수
합동법과학감정실의
고준채입니다.

저는 프로파일러라는 직업을 통해
여러분과 만났습니다.

여러분은 프로파일러를 셜록 홈스와 같은
추리소설, 드라마, 영화의 멋진 주인공으로
상상할지 모릅니다.
그 주인공은 아무도 풀 수 없는 어려운 사건을
천재적인 능력으로 추리하여 진실을 밝히고
범인도 멋지게 검거하죠.
저도 학창 시절에 막연한 동경을 품었답니다.

여러분의 선배로서 이 책을 통해
현실적인 이야기를 나누고 싶습니다.
프로파일러는 영화나 드라마에 나오는 것처럼
조명받는 주인공이 아니라
다양한 과학적인 방법으로
강력 사건의 수사를 그늘에서 보조하는
역할이라는 걸 알려주고 싶어요.

누구도 알아주지 않지만
앞이 보이지 않는 상황에서도
끝까지 해내는 끈기.
사건을 해결해서 시민들을 보호하겠다는
투철한 정의감이
프로파일러를 희망하는 여러분에게 필요합니다.

자기 자신을 알아가는 연습을 하세요.
자신에 대해 잘 아는 사람은
타인과 이 세상에 대한 올바른 이해와 판단을
할 수 있습니다.

묵묵한 끈기와 강한 정의감을 지닌
멋진 여러분과 프로파일러 세계에서 만나기를
기다리겠습니다.

선배 고준채는 후배인 여러분과 함께
행복하고 안전한 우리 사회를 만들어 갈 그날을
손꼽아 기다리고 있겠습니다.

여러분의 미래와 꿈, 노력을 응원합니다.

- 프로파일러 1기 고준채

현장에서 한치의 오차도
허용하지 않는다

정의롭다면 프로
파일러

첫인사

Title 1

토크쇼 편집자 – 편

프로파일러 고준채 – 고

📝 선생님, 안녕하세요? 소개를 부탁드립니다.

👮 안녕하세요, 반갑습니다. 저는 프로파일러 특채 1기, 중앙경찰학교 형사과 교수를 거쳐 현재 경기남부지방경찰청 과학수사과 경찰-국과수 합동법과학감정실에서 경찰의 과학수사 감정 업무를 담당하고 있는 고준채입니다.

📝 선생님 만나기 전에 긴장했어요. 어렸을 때 엄마 지갑에서 천 원짜리 지폐를 몰래 꺼내서 쓴 게 갑자기 생각나더라고요. 영국 드라마 〈셜록 홈스〉의 한 장면처럼 저를 보고 한 눈에 스캔하실까 봐 걱정됐어요. (웃음)

👮 많은 사람이 제가 프로파일러라고 하면 일단 경계를 해요. 사실 프로파일러라고 해도 사람의 마음을 한 번에 다 알 수는 없어요. 가족들은 이렇게 가까운 사람들의 마음도 모르면서 어떻게 프로파일러를 하느냐고 말할 정도입니다.

📝 많은 학생이 프로파일러에 대해 관심을 두고, 이 책을 읽어 주셨어요. 이번에『정의롭다면 프로파일러』개정판이 출간됐는데, 소감이 어떠신가요?

👮 먼저 감사하다는 말씀을 드립니다. 책을 읽고 도움이 되

었다는 말씀을 많이 해주셨는데요, 제가 이 직업에 관심이 많은 학생에게 조금이나마 도움이 되었다는 생각에 보람을 느꼈습니다.

편 이번 개정판은 독자 여러분들께서 프로파일러에 대해 N 사이트에서 가장 많이 질문한 검색어 기준으로 정리하였습니다. 가장 많이 검색한 순서는 다음과 같습니다.

1. 프로파일러와 심리학 (약 7000명 질문)

2. 직업 경찰 프로파일러 (약 2000명 질문)

3. 연쇄살인 사건, 사이코패스 (약 1800명 질문)

4. 프로파일러가 되는 방법 (약 1500명 질문)

5. 프로파일러 과학수사 (약 1000명 질문)

6. 능력과 적성 (약 600명 질문)

7. 직업의 매력과 전망 (약 140명 질문)

8. CSI, FBI, 셜록 (약 120명 질문)

카테고리별 중요한 질문들을 선생님께 일문일답으로 부탁드려도 될까요? 제가 욕심쟁이일까요? (웃음)

고 프로파일러라는 직업이 널리 알려지면서 인터넷에 정보가 많더라고요. 저는 프로파일러로서 인터넷에서 찾아보기 어려운 현실적인 내용을 알려드리고 싶습니다. 저 질문들에 대하여 최선을 다해 답변해 드릴게요.

편 선생님께서는 이 직업의 가장 큰 매력이 뭐라고 생각하세요?

고 어떤 사람이 억울하게 당한 범죄를 해결해서 사회 정의 실현에 힘을 보태는 거죠. 사건이 해결되지 못하고 전전긍긍할 때 용의자를 추정하며 수사관을 돕는 것은 프로파일링의 매력이에요. 그러나 그런 결과를 얻기 위해서 수많은 자료와 씨름하며 인내하고, 자신의 한계를 극복해야 하는 어려움도 있어요.

편 경찰은 많은 사람의 안전을 지키는 중요한 임무를 갖고 있어요. 어떤 학생들이 이 직업에 어울릴까요?

고 프로파일러가 하는 일은 범죄 사건을 해결해서 우리 사회의 안전을 구축하고, 그 바탕 위에서 누구나 안심하고 살아갈 수 있게 해 주죠. 그만큼 의미 있고, 보람도 큰 직업이라고 생각해요. 이 책을 읽는 친구 중에서 불의를 보면 참지 못하고, 어떤 일을 시작하면 시간이 걸려도 끝장을 봐야 두 다리 뻗고 자는 친구들이 분명히 있을 거예요. 만약 그렇다면 경찰, 특히 프로파일러라는 직업에 관심을 두고 열심히 노력해서 기회가 왔을 때 꼭 지원하기를 바랍니다.

편 선생님! 제가 추리소설 마니아여서 이 직업의 민낯에 대해 알아가는 게 한 편으로는 두렵습니다. (웃음) 현직 경찰관으로서 이 직업에 대한 미화나 과장 없이 사실적으로 알려주실 거죠?

고 그럼요. 거짓말은 언젠가는 탄로 나죠. 프로파일러의 첫 번째 조건은 범죄자를 대할 때도 진실해야 한다는 겁니다.

편 어느 누구를 대하더라도 진실해야 한다는 말씀에 제 마음의 문이 활짝 열리는 느낌입니다. 지금부터 고준채 선생님과 함께 직업 프로파일러의 세계로 들어가 보겠습니다.

1. #프로파일러와 심리학 🔍

프로파일링과 관련이 깊은 학문은 뭐가 있죠

편 많은 분이 프로파일러 하면 심리학이 떠오르시나 봐요. 정말 많은 질문이 포털 사이트에 등록되어 있어요. 프로파일링과 관련이 깊은 학문은 뭐가 있죠?

고 프로파일링이라는 수사기법 자체가 사건 현장에서 범죄자의 행동을 추론해야 하므로 범죄자의 마음과 성격 등을 잘 알아야 해요. 그리고 범죄는 사회 현상 중의 하나이기 때문에 일단 심리학과 사회학이 기초가 돼요.

범죄에 대한 이해가 필요하기 때문에 범죄학도 중요하죠. 범죄자와 범죄의 원인과 예방, 범죄자의 교정, 교화 등을 전체적으로 다룬 학문이 범죄심리학이에요. 범죄심리학도 공부하면 큰 도움이 되죠. 정신의학 분야는 고도의 전문 지식이 요구되므로 전문가인 정신과 의사의 도움이 필요해요.

최근에는 통계 등 데이터가 중요해졌어요. 통계 전문가도 필요하죠. 데이터를 분석해서 어떤 결과를 도출하는 게 중요한 시대예요. 지금까지 발생한 범죄와 그 세부 사항을 분류해서 의미 있는 통계를 내는 전문적인 지식이 범죄 수사에 많은 도움이 되고 있어요.

심리학

심리학(心理學, psychology)은 인간의 행동과 심리 과정을 과학적으로 연구하는 학문이에요. 조금 더 쉽게 설명하면 우리는 왜 그리고 어떻게 그런 식으로 생각하고 느끼며 행동하는지에 대해 다양한 질문의 답을 찾는 과학 중의 하나가 바로 심리학이에요.

사회학

사회학(社會學, sociology)은 인간 사회와 인간의 사회적 행위를 연구하는 학문이에요. 인간 사회도 자연 세계처럼 자연과학적 방법과 동일하게 연구될 수 있다고 보고, 인간 사회를 과학적으로 탐구하는 새로운 과학의 필요성이 있어서 탄생한 학문이죠.

범죄심리학자와 프로파일러의 차이는 무엇인가요

편 범죄심리학자와 프로파일러의 차이는 무엇인가요?

고 범죄심리학은 범죄자의 의도, 생각, 목적, 반응 등 범죄자의 행동과 그에 따른 교정, 예방을 연구하는 학문이에요. 그래서 범죄심리학자는 왜 범죄를 저질렀는지, 범죄를 저지르고 난 후 도주 중 또는 법정에서의 반응 등을 연구하고 재판에서 판사와 배심원들에게 범죄자의 마음을 이해시키기 위해 증언을 하기도 해요. 보통 대학교수 등의 학자입니다. 프로파일러는 수사기관에 소속되어 사건이 발생하면 수사에 직접 참여하여 범죄자에 대한 이해를 바탕으로 형사 등 수사관들에게 도움을 주는 수사팀의 심리전문가예요.

심리학을 전공하지 않아도
프로파일러가 될 수 있나요

편 심리학을 전공하지 않아도 프로파일러가 될 수 있나요?

고 심리학을 전공하지 않고 강력 형사가 오랜 시간 근무한 경험을 바탕으로 프로파일러가 될 수는 있어요. 그렇지만, 범죄자의 마음을 잘 이해하려면 심리학적 지식이 필요하기 때문에 심리학 공부가 꼭 필요합니다.

'묻지 마 식 범죄'는 어떤 상태에서 일어나나요

편 최근에 자주 일어나는 '묻지 마 식 범죄'는 범인의 어떤 심리 상태에서 일어나나요?

고 묻지 마 식 범죄의 범인은 두 가지 부류로 나눌 수 있는데요, 첫 번째는 정신질환이 있는 사람들이에요. 특히 조현병이 있는 사람 중에 피해망상이 과도한 상태인 사람들은 자신이 어떤 위해 세력으로부터 지속적 괴롭힘을 당해왔다는 환상에 빠져 갑자기 범죄를 저지르기도 하죠. 그렇지만, 정신질환이 있는 사람들의 범죄는 전체 범죄의 1%도 안 되는 극히 일부이기 때문에 정신질환자 모두를 범죄자로 봐서는 안 돼요.

두 번째는 현실 불만인 사람들의 분노가 범죄로 나타나기도 합니다. 그런 사람들은 직업이 없고 성인이 될 때까지 가족이나 친지 혹은 이성 친구와 제대로 된 관계를 형성하지 못한 경우가 많아요. 실제로 어떤 범죄자는 주변에서 웃음소리가 들렸는데, 자신만 불행하고 다른 사람은 행복한 것 같아 웃음소리가 들리는 곳을 찾아가서 홧김에 범행하였다고 말하기도 했어요.

인간의 어떤 심리가 잔혹 범죄로 연결되나요

편 범죄 기사를 보면 범인이 평소 우울증, 게임 중독, 경계성 성격 장애 등을 앓았다는 내용이 있어요. 인간의 어떤 심리가 잔혹 범죄로 연결되는지 궁금합니다.

고 심리도 중요하지만, 범죄자들은 대부분 충동을 조절하지 못하고 범죄를 저지르는 경우가 많아요. 전문가들은 충동조절장애의 원인에 대해 우리 사회에 팽배한 과도한 자기애와 개인주의가 한몫을 하고 있다고 분석하죠. 어린 시절부터 경쟁해야 하는 사회에 익숙해지면서 자존감은 높아지는데 자신의 사회적 입지는 그렇지 않으면 불만족과 열등감에서 피해의식이 생기기 쉬워요. 그래서 조금만 '무시당한다'라는 느낌을 받으면 감정을 조절하지 못하고 충동을 공격적인 행동으로 표출한다고 합니다.

보통 사람과 범죄자의 심리는 어떤 차이가 있나요

편 보통 사람과 범죄자의 심리를 들여다보면 차이가 있나요?

고 범죄자 중에는 충동조절장애를 가진 사람들이 많아요. 충동조절장애는 단일한 질환이 아니라, 충동적 행동을 동반하는 신경과 질환을 포괄하는 병명이에요. 일반적으로는 간헐성 폭발 장애와 기타 충동조절장애를 가리키는 것으로 본능적으로 욕구가 지나치게 강하거나 스트레스로 자기방어 기능이 약해져 스스로 충동을 조절하지 못하는 정신 질환이죠.

충동조절장애 특징으로는 갑작스러운 충동으로 인한 공격적인 감정과 긴장감이 들고, 이를 해소하기 위해 공격적인 행동을 하고 자해를 하기도 해요. 그리고 명백한 동기가 없는 상황에서 충동에 따라 특정 행동을 반복하는 것이 충동조절장애의 특징이에요. 충동조절장애는 주로 10~20대에서 나타나며, 공격적인 행동과 죄책감, 우울감을 동반해요.

2. #직업 경찰 프로파일러 🔍

1. 프로파일러와 심리학 (약 7000명 질문)

3. 연쇄살인 사건, 사이코패스 (약 1800명 질문)
4. 프로파일러가 되는 방법 (약 1500명 질문)
5. 프로파일러 과학수사 (약 1000명 질문)
6. 능력과 적성 (약 600명 질문)
7. 직업의 매력과 전망 (약 140명 질문)
8. CSI, FBI, 셜록 (약 120명 질문)

직업 경찰은 언제 생겼나요?

🔲 저는 사실 프로파일러를 경찰의 한 영역으로 보지 못했어요. 아마 자유분방한 셜록 홈스의 영향을 받은 것 같습니다. (웃음) 그래서 직업 경찰에 대한 검색어가 두 번째로 많았습니다. 직업 경찰은 언제 생겼나요?

🔲 옛날에는 군대가 국가의 치안까지 담당했어요. 근대 사회가 복잡해지면서 도시의 치안을 전문적으로 담당할 조직이 필요해 지면서 경찰이 만들어졌죠. 1798년 영국 템스강 일대 항만에 들끓는 범죄를 근절하기 위해 치안판사에게 월급을 받는 220명의 수상경찰대가 있었대요. 월급으로 생계를 꾸리는 경찰관들의 대규모 조직이었기에 수상경찰대를 세계 최초의 근대적인 경찰로 부르고 있어요.

프로파일러라는 직업은 언제 등장했나요

편 프로파일러라는 직업은 언제 등장했나요?

고 프로파일링 수사기법을 본격적으로 실무에 적용한 건 미국 FBI에요.

그렇지만 그들이 최초로 적용한 프로파일링 수사기법의 유래를 찾아보면 19세기 말 롬브로조^{Cesare Lombroso}라는 정신의학자가 시초예요. 그는 이탈리아에서 범죄자 383명의 생김새를 분류해요. 그게 범죄학의 시초가 되는 연구였어요.

우리는 '범죄형 얼굴은 이렇게 생겼을 거야'라는 고정관념이 있잖아요. 다른 사람보다 광대가 발달하고 눈은 위로 치켜 올라가는 등의 범죄자 생김새를 연구했어요. '생래적 범죄인이론'이라고 하는데 이렇게 생긴 아이들이 커서 범죄자가 된다는 이론을 만든 게 프로파일링의 유래예요.

개별 사건에 프로파일링 기법을 적용한 것은 영국의 '잭 더 리퍼^{Jack the Ripper}' 사건이에요. 뮤지컬로도 나왔죠. 이 사건은 아직도 해결되지 못했어요. 이 범죄자가 런던의 유흥가 종사자들을 납치하고 살인을 하죠. 연쇄살인이었어요. 법 병리학자였던 필립 박사가 피해자들의 상처를 분석했는데 이 연쇄살인범은 인체 해부학에 대한 고도의 지식을 갖고 있다고 판단해요. 의사에 의해서 프로파일링 수사가 이루어진 거죠.

1956년대 미국에서 미치광이 폭파범이라는 사건이 있었어요. 뉴욕의 공공시설에 연쇄적인 폭탄테러가 발생했는데 당시 제임스 A. 브뤼쉘이라는 정신의학과 박사가 수사를 지원하죠. 박사는 정신의학을 하면서 수많은 정신이상자를 만났겠죠? 이것을 토대로 폭파범이 보낸 협박편지를 분석해서 폭파범에게 정신적인 문제가 있을 거라고 가정하고 개별 사건에 대한 프로파일링 수사를 진행했어요.

1960~70년대 미국에서 연쇄적인 사건이 발생하면서, 1972년 FBI 행동과학부가 생기고 프로파일링에 대한 연구와 사건 지원이 시작되었죠.

우리나라의 프로파일러는 언제 탄생했나요

편 우리나라의 프로파일러는 언제 탄생했나요?

고 2004년 유영철을 검거하였을 때 경찰에 대한 질타가 많았어요. 범인이 이렇게 연쇄살인을 하는 동안 경찰은 뭐 하고 있었냐는 거죠. 사실은 서울경찰청에서 2000년부터 프로파일링 수사기법을 준비하고 있었어요. 그 때 FBI가 심리학 전공자들을 수사관으로 채용해서 연쇄살인범에 대한 대응을 해오고 있는 게 보였던 거죠. 2000년 초부터 연쇄살인 사건이 일어나기 시작했고 우리 사회도 이런 범죄 패턴이 나타나기 시작하니까 프로파일러를 채용하자는 목소리가 높아졌어요.

일반인도 프로파일러라고 부를 수 있나요

⬛ 민간인도 프로파일러라고 부를 수 있나요?

⬛ 프로파일러는 수사 기관인 경찰에 소속되어 있어요. 수사를 직접 해요. 검찰 조직도 수사를 하므로 진술 분석 전문 프로파일러가 있죠.

가끔 TV를 보면 대학교수나 민간의 전문가들이 자신을 프로파일러라고 소개하더라고요. 실제로 사건에 참여해서 수사를 같이하고 있다면 프로파일러가 맞지만, 수사에 참여하지 않는다면 프로파일러 보다는 범죄심리학자라고 생각해요. 자신의 지식을 동원해 사건에 관해 이야기하는 전문가 모두를 프로파일러라고 부른다면 자칫 수사에 혼선이 생길 수가 있어요. 그래서 실제로 직접 수사를 하는 사람이 프로파일러라고 생각해요.

형사와 프로파일러의 업무는
어떻게 구분되나요

편 형사와 프로파일러의 업무는 어떻게 구분되나요?

고 강력 사건을 다룬다는 차원에서 강력반 형사와 비슷하지만 하는 일의 범위가 달라요.

프로파일러는 강력반 형사가 수집한 정보와 사건 현장의 모든 과학수사 증거까지 다 모아서, 정확한 데이터를 뽑고 과학적인 분석으로 신뢰할 만한 정보를 선별하죠. 프로파일러는 최종적인 사건 분석의 결과가 해당 수사에 적용될 수 있도록 수사관을 설득하는 작업까지 해야만 해요.

편 형사들이 사건을 맡아 수사하는데 프로파일러가 따로 생긴 거잖아요. 해결이 어려운 미제사건이 프로파일러에게 넘어가는 건가요?

고 그렇죠. 형사가 수사를 하다 더는 답이 안 보이면 프로파일러에게 지원을 요청하거나 아니면 수사 지휘부의 요청에 의해서 하죠. 또 언론에서 크게 주목받은 사건이 있을 때 본청에서 지시해요. 흔히 발생하는 절도사건 같은 단발적인 사건은 프로파일링의 대상이 되진 않아요. 물론 아예 안 하는 건 아니에요. 연쇄 절도사건을 맡은 형사들이 프로파일링을 의뢰해요. 지오프로스라는 지리적 프로파일링 시스템을 활용해서 분석한 후에 범인의 주거지 또는 다음 범행지를 예측해서 형사에게 주면 프로파일링 결과를 토대로 수사를 해서 사건을 해결하죠.

일반 수사랑 프로파일링 수사가 매우 다른가요

[편] 일반 수사랑 프로파일링 수사가 매우 다른가요?

[고] 프로파일링은 수많은 수사기법 중 하나에요. 프로파일링에 대해 정확히 알려면 수사가 시작된 배경을 먼저 알아야 해요. FBI가 미국의 연쇄살인 사건 해결을 위해 범죄 수사를 심리학적인 관점으로 접근했죠. 프로파일링 수사기법은 연쇄살인 사건 현장에서 범인의 수사단서나 증거가 하나도 없을 때 현장에 남겨진 범죄자의 행동 특징을 보고 범인의 성별, 나이, 직업, 생활방식, 전과의 유무 등을 파악하고 가장 먼저 수사를 해야 하는 대상자를 선정하는 수사기법이에요.

지금의 프로파일링 수사도 마찬가지예요. 심리에 능통한 전문가를 채용해서 강력 사건, 미제사건의 수사를 지원하는 거죠. 경찰 내의 심리전문가 그룹이에요.

전설적인 프로파일러가 있나요

편 전설적인 프로파일러가 있나요?

고 전 FBI 요원인 로버트 레슬러^{Robert K. Ressler}가 있어요. 그가 쓴 책『살인자들과의 인터뷰』는 범죄 심리를 수사에 적용한 경험담을 다룬 최초의 책이에요. 그는 '연쇄 살인범(serial killer)'이라는 단어를 최초로 사용했고, 1970년대에 범인의 정신의학적 프로파일링에 중대한 역할을 했어요.

『살인자들과의 인터뷰』는 로버트 레슬러가 수사한 사건과 범죄 연구와 관련된 각종 사연들을 12개 파트로 나누어 소개해요. 특히 살인자들과의 대화를 통해 '왜 살인했는가?' 즉 살인범들의 내적인 마음의 상태에 대해 자세히 말하고 있어요. 결국 로버트 레슬러는 '누가 살인했는가?'라는 질문보다는 '누가 그들에게 살인이라는 환상을 제공했는가?'라는 질문에 초점을 맞추어 가족과 사회라는 구조에 일침을 가하고 있어요.

존 더글러스^{John Douglas}라는 FBI 요원도 있어요. FBI에 재직하면서 수많은 연쇄살인범, 은행 강도, 각종 흉악범을 검거했죠. 특히 그가 개발한 프로파일링 수사기법은 미궁에 빠진 살인사건을 해결하는 데 중요한 역할을 했고 전 세계 경찰들도 그의 프로그램을 도입해서 수많은 살인사건을 해결하고 있죠. 교육학 박사여서 범죄학에 대한 여러 중요 논문을 발표했고, 『망상』, 『맨 다운』, 『꺾인 날개』, 『어둠 속으로의 여정』, 『범죄 분류 교본』 등의 책을 저술했어요.

프로파일러의 일과는 어떻게 되나요

편 프로파일러의 일과는 어떻게 되나요?

고 각 지방청 근무 형태 및 담당하는 사건에 따라 다르겠지만 제 경우를 한 가지 예로 말씀드릴게요. 다음의 내용은 2012년 12월 톱클래스 잡지에 실은 내용이에요.

08:00~

출근해서 사무실 책상 앞에 앉는다. 이른 시각이지만 경기지방경찰청은 모든 업무가 시작된다. 가장 먼저 당직사건을 검토한다. 밤사이에 일어난 사건 사고를 하나씩 살펴보고 프로파일러의 지원이 필요한 사건을 추려낸다. 범인이 검거된 사건이라면 범인과의 인터뷰 일정을 정하고 범인이 확인되지 않은 사건이라면 현장 출동 계획을 세운다.

11:00~

강력사건이 일어난 구역의 경찰서로 이동한다. 범인과의 인터뷰가 있기 때문이다. 형사의 수사가 끝난 직후인지라 경직된 범인은 좀처럼 말이 없다. 범인의 말문을 트이게 해서 진솔한 이야기를 끌어내는 것이 나의 임무다. '좋아하는 일이 있나?' '직업은 뭔가?'와 같은 가벼운 질문으로 시작해 서서히 질문의 수위를 높여간다.

어린 시절과 부모에 대한 이야기, 청소년기 이야기, 범행 전의 생활 이야기를 통해 범인의 삶을 추측한다. 친구 관계, 이성 관계, 직장동료와의 관계에 관한 질문을 던져 범인이 다른 사람과 관계를 맺는 방식을 알아본다. 범죄를 저지른 이유나 그때의 심리상태에 대한 질문은 프로파일러에 대한 범인의 경계가 허물어질 때쯤인 후반부에 한다.

14:00~

현장 감식팀과 함께 다음 목적지인 사건 현장으로 출동한다.
사건 현장을 대할 때 제일 먼저 생각하는 것은
'피해자가 무슨 이유로 이 시간, 이 장소에 있었을까?'

현장의 전체적인 분위기와 세세한 범행 흔적을 번갈아 보면서 특징적인 부분을 찾는다. 범인을 추적하는 단서가 되기 때문이다. 프로파일러의 관찰이 끝나면 현장감식팀이 사건 현장에 들어와 지문이나 DNA, 혈흔, 발자국과 같은 흔적을 조사한다.

22:00~

현장감식팀과 프로파일러팀이 모여 수사회의를 한다. 이때 프로파일러의 견해와 현장감식팀의 증거를 함께 제시하면서 수사의 방향을 잡아나간다. 회의를 하다 보면 어느덧 해가 지고 퇴근 시간이 가까워온다. 하지만 사건의 신속한 해결이 목표인 경찰은 정시 퇴근이 어려운 경우가 많다. 동료들과 간단히 저녁식사를 하고 회의를 이어간다.

⏱ 24:00~

회의 후에는 오늘 담당한 인터뷰와 사건에 관한 대략적인 보고서를 작성한다. 프로파일러에게 세심한 관찰 못지않게 중요한 것은 관찰을 하나의 결과물로 만드는 것이다. 결과물을 완성하는 과정에는 학자와 같은 탐구정신이 필요하다. 프로파일러로 일하면서 대학원 진학을 결심한 것도 탐구하는 자세를 기르기 위해서였다. 프로파일러 업무와 학업을 병행하는 일이 만만치 않았지만 생각한 주제를 끊임없이 파고들어 결론을 도출해내는 끈기를 배웠다. 보고서 작성에 열을 올리면 어느새 시계가 자정을 알린다.

⏱ 02:00~

집에 들어와 잠든 가족들의 얼굴을 바라본다. 일을 하면서 받는 스트레스를 해소해 주는 것은 가족이다. 호빈, 유빈, 로빈 세 아들이 있다. 내 꿈은 세 아들이 자랑스러워하는 아버지가 되는 것이다. 크면 경찰이 되어서 아빠 제복을 물려 입겠다는 아들을 보면 피식 웃음이 난다.

잠자리에 눕는 순간에도 긴장을 늦출 수 없다. 언제 사건이 일어날지 모르기 때문이다. 살인 등 강력사건은 대개 밤이나 새벽 시간대에 발생한다. 밤 시간대에 사건이 발생할 경우 현장으로 출동해 분석과 회의를 거치다 보면 어슴푸레 동이 튼다. 휴대전화를 침대 옆에 놓아둔 채 잠이 든다.

프로파일러 고준채

프로파일러에 대한 환상을 느끼신 적 있나요

편 사람들은 프로파일러에 대한 환상을 갖는 것 같아요. 느끼신 적 많으시죠?

고 첫째. 프로파일러는 눈앞에 있는 사람의 심리와 속마음을 안다고 생각해요. 업무 바깥의 영역에서 그렇지는 않아요. 가족들은 제가 어떻게 프로파일러를 하는지 궁금하대요. 가족들의 마음을 제대로 몰라준다는 거겠죠.

둘째. 업무 환경에서 우리의 직접 고객인 형사들은 말 그대로 우리가 점쟁이인 것처럼 이 사람이 범인인지 아닌지, 아니면 누가 범인인지 바로 판단해 달라고 하죠.

이런 일이 있었어요. 새벽에 일어난 살인사건이었죠. 피해자가 할머니인데 사건 현장에 갔더니 할머니의 신체 일부가 훼손되어 거실 탁자에 올려져 있었어요. 사건 현장에 가서 밤샘 조사를 하고 아침에 사무실에 들어왔어요. 들어가자마자 과장님께서 물어본 말씀이

"왜 그런 거야?"

"네?"

"범인이 왜 그런 행동을 한 것 같아?"

정말 갑작스러운 질문이었죠. 여러 가지 말도 안 되는 대답을 했어요. 밤샘 수사를 하고 저도 피곤한 상태였거든요. 제 대답이 부족했기 때문에 보고서를 작성하라고 하셨어요. 밤을 새고 와서 다른 사람들은 다 퇴근하는데 보고서 작성한다고 다시 하루 꼬박 근무했죠. 사람들은 프로파일러가 모든 질문에 대한 답을 항상 가지고 있을 거라는 환상을 갖고 있나 봐요.

또 하나의 환상. 범죄자들이 대부분 자백을 안 하잖아요. 요즘 범죄자들은 증거가 나오면 그 부분에 한해서 어쩔 수 없이 진술을 해요. 그 외에는 절대 말을 안 하거든요. 그때 형사들이 프로파일러를 불러서 말하죠. 이 사람이 자백하게 만들어 내래요. 물론 프로파일러는 진술하지 않는 범죄자가 진술하게끔 유도해야 하는 업무가 있어서 많은 연구를 하죠. 그렇다 하더라도 지시한 그 자리에서 프로파일러가 결과를 바로 도출하는 건 어려워요.

📧 옆으로 새는 질문이지만 방금 말씀하신 할머니 사건의 범인은 검거되었나요?

고 범인 검거까지 한 달이 걸렸는데 범인은 아주 가까운 사

람이었어요. 사고로 장애를 갖게 되었고 성적인 문제가 있었
죠. 피해자의 이야기를 듣지 못해서 정확한 판단을 할 순 없
지만 미루어 짐작해보면 범인이 할머니에게 성적으로 접근했
고 자신의 장애에 대한 표출을 그런 식으로 한 것 같아요.

프로파일러의 평소 업무가 범죄자를 만나서 심리면담을
한다고 했잖아요. 그것을 가져와서 보고서를 작성하고 내부
시스템에 다 입력해요. 그렇게 한지 벌써 14년이 되었죠. 내
부 시스템의 자료들이 프로파일링의 기초 자료가 돼요. 찾아
보니 위와 같은 비슷한 사건들이 많더라고요.

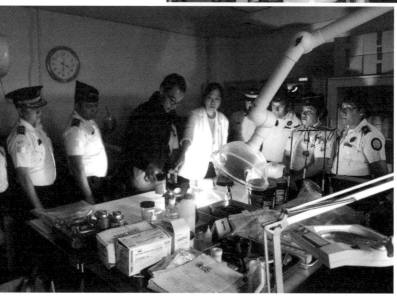

경기남부청 과학수사과를 방문한 온두라스 경찰관 교육

3. #연쇄살인 사건, 사이코패스 🔍

1. 프로파일러와 심리학 (약 7000명 질문)
2. 직업 경찰 프로파일러 (약 2000명 질문)

4. 프로파일러가 되는 방법 (약 1500명 질문)
5. 프로파일러 과학수사 (약 1000명 질문)
6. 능력과 적성 (약 600명 질문)
7. 직업의 매력과 전망 (약 140명 질문)
8. CSI, FBI, 셜록 (약 120명 질문)

프로파일러가 주목받는 이유는 뭘까요

편 프로파일러가 주목받는 이유는 뭘까요?

고 유영철 연쇄살인 사건과 같은 새로운 범죄 현상이 우리 사회에 나타났죠. 그에 따라 이상동기 범죄의 확산에 대한 우려가 커지고 있어요. 말이 조금 어려운가요?

과거의 범죄는 원한, 치정, 금품, 성욕 등 이해가 가능한 동기가 있었어요. 기존의 형사 활동으로 충분히 검거할 수 있었어요. 그러나 유영철, 정남규, 강호순과 같이 사회 불만이나 개인적인 스트레스 또는 쾌락의 해소를 위한 범죄가 늘어나고 있어요. 이런 이상동기 범죄자들을 검거하고 다루기 위해 그들의 행동이나 심리를 이해해야 할 필요성을 느낀 거죠. 그래서 기존의 형사적 마인드에서 벗어나 이상동기 범죄자를 임상적으로 바라보고 설명해 줄 수 있는 제3의 시각을 지닌 프로파일러가 주목을 받게 된 거로 생각해요.

연쇄살인 사건으로 규정짓는 기준이 있나요

편 여러 사건 중에서 연쇄살인 사건으로 규정짓는 기준이 있나요? 한 사람에 의한 범죄인 걸 판단하기도 정말 어려운 일인 것 같아서요.

고 연쇄 살인이라는 용어는 1970년대 미국의 연쇄 살인자인 테드 번디^{Ted Bundy}가 30여 명의 여성을 살해한 범죄를 설명하기 위해 처음 사용되었어요. 이후 FBI의 행동과학부(Behavioral Science Unit, BSU)가 처음으로 연쇄 살인을 정의하고 분석 및 수사에 적용하는 시도가 이루어졌고요. FBI의 범죄 분류 매뉴얼(crime classification manual)에 의하면 살인 범죄의 하위 유형에 속하는데요, 연쇄살인은 범죄자가 심리적 냉각기를 갖고 세 곳 이상의 개별적인 장소에서 세 건 이상의 독립적인 살인을 저지르는 행위예요. 심리적 냉각기는 살인 욕구가 해소되어서 살인을 저지르지 않는 기간을 말하는데, 우리나라 등 많은 나라가 FBI의 기준을 따르고 있어요.

어떤 사람이 사이코패스인가요

편 이해할 수 없는 이유로 사람을 죽이는 연쇄살인자는 다 사이코패스인가요? 범죄를 저지른 사람이 사이코패스인지 아닌지는 누가 판단하죠?

고 사이코패스는 프로파일러가 판단하는 게 아니에요. 로버트 헤어(Robert D. Hare, 1934년~)라는 캐나다의 범죄 심리학자가 개발한 '사이코패시 체크리스트 개정판'(Psychopathy Checklist-Revised, PCL-R)이라는 전문적인 검사를 통해서 판단하죠. 검사를 시행할 수 있는 사람의 자격도 따로 있죠. 정신의학과 의사나 정신보건 임상심리사 등 범죄심리 전문가 중에서 사이코패스 진단검사를 할 수 있는 자격을 가진 2인 이상이 한 사람에 대해 각각 따로 검사를 시행하죠. 그리고 총점 40점 중 문화적 차이가 있지만, 우리나라의 경우 평균 점수 25점 이상이 나와야 사이코패스라고 판정해요.

　사실 언론에서 사이코패스를 과장해서 무섭게 묘사하죠. 하지만 로버트 헤어의 연구 결과 전체 인구의 1%는 사이코패스라고 해요. 강력 범죄자가 모여 있는 교도소 수감자의 50~80%가 반사회적 성격장애를 갖고 있으나 이들 중 15%

가 사이코패스예요. 사이코패스 진단의 활용은 교정 후의 재범률이에요. 재범 가능성을 판단할 때 사이코패스냐 아니냐가 중요해요. 이 사람이 사이코패스면 재범률이 높아지는 거죠. 그래서 사이코패스 검사는 형량을 정할 때 수감자가 출소하면 재범을 하느냐 판단하는 하나의 근거가 되죠. 사이코패스 자체가 모두 범죄자라는 건 아니에요. 물론 어떤 상황에서 보통 사람보다 범죄를 저지를 가능성은 커요. 왜냐하면, 사이코패스의 가장 큰 특징은 타인의 고통에 대한 공감 능력이 없다는 점이거든요.

처음 담당했던 연쇄살인 사건은 무엇인가요

🅟 처음 담당했던 연쇄살인 사건은 무엇인가요?

🅖 2006년 12월 1일부터 경찰청에 출근했는데 12월 13일부터 경기지역에서 실종사건이 계속 일어나요. 바로 경기 서남부 부녀자 연쇄 실종사건인 강호순 사건이죠. 언론은 '화성의 악몽이 또다시'라는 타이틀 기사를 계속 내보냈어요. 제가 본청에 지원하고 난 후에 한 달도 안 돼서 후회했어요. 본청에 가니까 출근 시간만 있고 퇴근 시간은 없더라고요. 수사 회의는 거의 밤 10시에 해요. 하루 동안 팀별로 수사를 해서 밤 10시에 수사본부장 중심으로 모여 각 팀의 수사 결과를 공유하죠.

참고인 누구누구를 만났는지, 실종자의 CCTV 결과와 통신 내역 등 다양한 수사 결과를 공유하고 우리가 이제 무엇을 해야 하는지 정하죠. 그러면 밤 12시 정도 돼요. 그럼 각자 흩어져서 수사를 또 진행하죠. 매일 밤 10시에 진행하는 회의에 저도 계속 참석했어요. 회의 끝나면 자정. 형사들과 이야기 나누면 새벽 1시~2시. 그리고 서울로 퇴근. 이런 식의 일정이었죠.

편 강호순 사건의 수사 인원과 그 규모는 어느 정도였나요?

고 강호순 연쇄살인 사건은 경기도 군포에서 시작돼요. 그리고 수원 남부, 다음이 화성 서부, 그다음에 안양. 이렇게 4개 지역에서 각각 일어나죠. 그러다 보니 4개 경찰서, 경기지방경찰청 광역수사대의 형사들이 수사에 투입되었어요. 거기에 수색에 동원된 전경, 의경까지 다 포함하면 약 10만 명이 넘었던 걸로 파악하고 있어요.

편 프로파일러로서 가닥이 잡히셨나요?

고 전혀 안 잡혔어요. 당시에 사건 네 개가 있었는데 두 명의 피해자가 유흥업소 종사자였어요. 강호순이 유흥업소 종사자를 만났고 결국 둘 다 실종됐죠.

그런데 세 번째 사건의 피해자는 50대 가정주부예요. 중소기업에 다녔는데 퇴근하면서 실종된 사건이에요. 그다음이 수원의 대학생이에요. 저녁에 성당 다녀온다고 하면서 나갔는데 버스정류장에서 실종됐어요.

언론에서는 화성 연쇄살인 사건처럼 한 사람에 의한 연쇄 범행이라고 계속 보도했어요. 초기 강호순 사건에서 프로파일러의 가장 중요한 역할은 이 사건이 연쇄살인 사건인지,

개별사건인지 판단하는 거였죠. 지리적 프로파일링 등 여러 수사 과정을 통해 연쇄살인 사건이라고 판단했고 수사본부에 전달했습니다.

개별사건과 연쇄사건은 수사 과정이 달라요. 처음에 연쇄살인 사건으로 판단했을 때 형사들의 반응이 굉장히 안 좋았죠.

"너희가 뭔데 이렇게 사건을 크게 만드느냐, 책임질 거냐."

"당신들이 이렇게 툭 던져놓고 가면 우리는 힘들어서 죽는다. 무심코 던지는 돌에 개구리는 죽는다." 그때 욕이란 욕은 다 먹었어요.

편 연쇄살인사건이라고 판단한 결정적인 근거가 뭐였죠?

고 피해자들의 공통점은 발견하지 못했어요. 유흥업소의 종사자, 대학생, 50대 부녀자 등 생활 방식이 다 달랐죠. 결정적인 건 사건 발생 장소였어요. 39번 국도가 지나가는 지역에서 발생했죠. 39번 도로를 따라서 안산, 군포, 화성.

지리적 프로파일링이라는 분야를 앞에서 설명해 드렸는데, 그것을 토대로 해서 지리적인 연관성에 주목했고 한 사람에 의한 범행이라는 결론을 냈어요.

編 프로파일링을 통해 연쇄살인 사건으로 결론이 나면 그 지역을 담당하는 형사들이 수사를 하는 거죠?

고 수사회의 이야기 할 때 수사본부장이 있다고 말했죠? 수사본부장은 수사를 총지휘하는 사람이에요. 그 사람의 판단이 제일 중요하죠. 만약 그분이 아니라고 했다면 개별사건으로 수사를 진행했겠죠. 그런데 당시의 수사본부장님은 프로파일러의 판단을 받아들이셨어요.

현장에서 뛰는 형사들은 사건이 커진 것에 대해서 불만이 상당히 컸어요. 연쇄살인 사건이라고 믿지 않았죠. 하지만 저희는 수사본부장과 수사팀을 열심히 설득했어요. 당시에 형사들도 고생을 많이 한 것 같아요.

編 그런데 프로파일링한 대로 정말 한 사람이 저지른 연쇄살인이었네요.

고 우리나라 프로파일러 특채 1기가 2006년부터 활동을 시작했는데 당시에는 인정을 못 받았어요. 그런데 실제로 강호순을 검거한 후에 시선이 달라졌죠. 이게 연쇄살인 사건이면 내 손에 장을 지진다는 분들도 있었는데 정말 연쇄살인 사건이었으니까요. 형사들은 프로파일러에게 수사 경력 없다 하더라도 수사에 결정적인 도움이 필요하다는 인식을 하기 시작했어요. 그렇게 형사들에게 인정받고 언론에 많이 알려졌어요.

편 범인 검거 후 범인 심문을 진행했나요?

고 네, 제가 직접 하지는 않았지만, 제 후배들과 팀장님이 했어요. 사이코패스라는 용어는 언론에서 2009년 강호순 사건에서 많이 사용하면서 대중들에게 알려지기 시작했어요. 여자 후배들은 강호순이 정말 잘 생겼대요. 언변도 뛰어나고요. 일상 생활하면서 누구나 주변에서 만날 수 있는 사람인데 이 사람이 연쇄살인 사건의 범인이라는 게 정말 놀랍다고 하더라고요. 사이코패스가 정말 책에 나온 그대로라는 걸 알았죠.

직접 수사하셨던 사건 해결 과정이 궁금합니다

편 선생님께서 맡으셨던 사건의 구체적인 해결 과정이 궁금합니다. 업무 기밀만 빼고 (웃음), 최대한 자세하게 들려주세요.

고 도시 노파 살인사건에 대해 들려 드릴게요.

 ## 사건명: 도시 노파 살인사건

사건 내용

모두가 잠든 토요일 새벽 수도권 외곽 도시의 다세대 주택에서 살인사건 신고가 접수되었다. 피해자는 다세대 주택 2층에 거주하는 집주인 노파로 집안 작은 방에서 사망한 채로 발견되었고 안방과 거실은 물건을 뒤진 흔적으로 어지럽혀져 있었다. 현장은 다세대 주택 밀집 지역으로 도시 노동자들과 나이가 많은 영세민들이 주로 모여 살고 있으며 절도와 강도 사건이 자주 발생하는 우범지역이었기 때문에 이번에도 전형적인 강도살인 사건으로 수사가 진행되었다.

그런데, 현장 감식과 시체를 확인하던 과학수사요원이 깜짝 놀라 달려왔다. 피해자 노파의 신체 일부가 불상의 흉기로 훼손되어 있고 거실 탁자 위에 보란 듯이 놓여 있었다. 범인은 마치 무엇인가 메시지를 전하려 신체 일부를 전시해 놓은 느낌이 들었다. 수사를 진행하던 형사들도 지금까지 경험해 보지 못한 광경에 할 말을 잃은 표정으로 프로파일러에게 사건을 의뢰하였다.

과연 범인은 누구이며, 왜 피해자 노파의 신체를 훼손하였을까?

프로파일링

프로파일러는 사건이 발생하면 과학수사대와 함께 현장으로 출동한다. 그리고 과학수사대의 현장 감식이 시작되기 전 제일 먼저 현장에 들어가 사건 현장을 관찰한다. 왜냐하면, 범인이 현장에 남겨놓은 여러 가지 행동 특징들을 현장이 변형되기 전 그대로 느끼기 위함이다. 그렇게 해야 오류를 줄일 수 있고 순수하게 범죄자를 프로파일링할 수 있다. 사건 현장과 피해자의 상처를 관찰하였다. 다세대 주택은 반지하를 포함해 모두 3층이었고 대문은 세입자의 출입으로 늘 열려있는 상태로 누구나 아무런 제약 없이 출입할 수 있어 절도 등의 범죄에 매우 취약한 형태였다. 동네 좀도둑이 침입하였다가 피해자와 마주치자 우발적으로 범행을 했을 가능성에 대해서도 점검해야 했다.

대문에서 높지 않은 계단을 올라 피해자 집주인이 살았던 2층 살인사건 현장으로 들어갔다. 벽과 문에는 여기저기 피가 묻어있고 물건이 마구 쏟아져 어지럽혀진 현장 가운데 피해자 노파가 누워 있었다. 그 모습에서 나는 범행 시 범인이 피해자를 공격하는 긴박했던 순간이 환상처럼 스쳐 보이며 피해자의 비명과 고통이 몸으로 느껴져 현기증이 났다. 현장에 처음 들어가면 항상 느끼는 몸의 반응이었다. 현장 특유의 퀴퀴한 냄새와 어둑하고 침침한 광경에서 나는 늘 우울한 감정으로 현기증을 느꼈다. 사건 경험이 쌓이면서 익숙해질 만한데도 늘 새로운 현기증이 일어났고, 그건 프로파일러인 내가 피할 수 없는 숙명과도 같다. 그럴 때마다 마음속으로 명복을 빌며, 범인에 대해서 알려달라고 피해자에게 조용히 기도한다. 순간 현기증은 사라지고 다시 냉정해질 수가 있다.

범인은 피해자 노파에게 과도한 폭력을 가하였다. 피해자의 얼굴은 알아볼 수 없을 정도로 멍과 상처가 심하였다. 일반적으로 피해자에 대한 과도한 공격행위는 범인이 피해자에게 원한을 갖고 있거나, 면식 관계에서 완전히 살해하려는 방법이다. 또는 정신이상자에 의한 이상 범죄 행동 특징으로 프로파일링할 수 있다.

그리고 가장 중요한 피해자의 성향을 분석하였다. 피해자는 70대 노파로 남편과는 사별하였고 자식들을 모두 키워 출가시킨 후 다세대 주택의 월세로 생계를 이어갔으며 경제적인 어려움은 없었다. 내성적인 성격으로 이웃 사람들과 어울리지 않았고 타인을 경계하는 특징이 있었으나, 세입자들에게는 밀린 월세와 전기세를 끝까지 받아내는 등 깐깐하다는 평가를 받고 있었다. 이는 낯선 사람뿐만 아니라 주변 사람들이 피해자에게 쉽게 접근하기 어렵다는 것으로 평가할 수 있다.

창문 또는 현관 출입문이 훼손되지 않았고 피해자의 성향을 보았을 때 주변 사람 중 피해자의 돈을 목적으로 한 범행으로 판단할 수 있는데, 문제는 고령의 여성 피해자 임에도 불구하고, 불필요할 정도의 과도한 폭력행위를 설명하는 것이다.

해외 연구논문과 과거 유사사례를 검토하여 내린 결론은 피해자에 대한 강한 분노 표현 혹은 범죄자의 소심함과 자신감 부족 등의 통제 욕구가 반영되었다고 결론지었다.

그리고 중요한 것은 성 기능에 문제가 있어서 이로 인한 자괴감, 열등감, 분노 등 심각한 심리적 어려움을 경험하고 이러한 감정이 지속될 때 생기는 불만족, 분노 해소를 위해 범행 후 피해자의 신체를 훼손하는 행위로 표출했을 가능성을 제시하였다. 피해자의 주변 인물에서 특히, 세입자 중 성 기능의 장애가 있는 사람을 우선 수사할 것을 요청하였다.

결과

범인은 피해자 아래층에 사는 다세대 주택 세입자로 범행 당일 노동일을 마치고 친구와 술을 마신 후 집으로 돌아와 잠을 자려고 누웠다. 그런데 위에서 쿵쿵거리는 소리가 나서 조용히 해달라고 요청하였으나 피해자가 자신을 무시하는 말을 한 것에 화가나 피해자를 폭행 살해하였고 강도로 위장하였다고 했다.

범인은 목수 일을 하다가 사다리에서 떨어져 허리를 다친 후 성 기능에 장애가 생겼으며 계속되는 결혼 실패와 동거녀의 가출 등 이성 관계의 실패로 인해 형성된 여성에 대한 불신과 불만이 피해자에게 과도한 공격 행위로 표출된 것으로 보인다.

프로파일러로서 가장 힘든 건 무엇인가요

편 프로파일러로서 가장 힘든 건 무엇인가요

고 범인과의 인터뷰에서 평정심을 유지하는 거예요. 현장의 참혹함을 보고 나면 범인이 저지른 만행에 분노가 일어나요. 자신의 죄에 대해 거짓말을 하거나 확증이 있음에도 범행을 부인하는 범인들과 마주하면 도통 이해가 가지 않아 애를 태우죠. 하지만 7년간 범인들과 인터뷰를 거듭하면서 범인의 사고에 대해 객관적인 시각을 갖게 됐어요. 이해하기 힘든 범인의 심리도 차후 수사에 귀중한 자료가 될 수 있으므로 한마디 말과 작은 행동까지도 놓치지 않고 기록합니다.

프로파일러보다 지능이 높은 범죄자도 있나요

편 범인과 줄다리기를 할 때가 많죠? 뛰어난 수사관이나 프로파일러보다 지능이 높은 범죄자도 있나요?

고 당연히 높은 지능의 범인들이 있죠. 그런데 대부분의 범죄는 범인의 지능보다는 범죄 상황의 요소가 더 중요해요. 범죄 상황적인 요소를 기준으로 하면 우발적인 범죄와 계획적인 범죄로 나뉘어요. 우발적인 범죄자는 어느 상황에서 자신의 충동을 제어하지 못하고 범죄를 저지르는 경우죠. 그리고 계획적인 범죄자가 있어요.

정말 치밀하게 계획을 세운 강호순은 자신을 심문하는 형사들에게 이렇게 말했대요.

"제가 진급시켜 드릴까요?"

자신의 사건 정보를 형사에게 하나씩 던져주면서 진급시켜 주겠다고 심리전을 펼친 거죠.

범인을 심문하다가 공격받은 적도 있나요

편 혹시 영화 〈추격자〉 보셨어요? 프로파일러가 나오는 장면이 있어요. 범인을 심문하다가 공격을 당하죠. 범인의 치부를 건드리니까 갑자기 괴물로 변하잖아요. 실제로 일어날 수 있는 일인가요?

고 그럼요. 범인이 화를 내면서 달려들 수 있어요. 그래서 범죄자와 마주하기 전에 프로파일러는 범인에 대해 정확하게 파악하고 심문을 해야겠죠. 눈앞의 범죄자가 논리적인 설득을 해야 하는 부류인지 아니면 따뜻하게 접근해야 하는 부류인지 등을 먼저 파악해요. 심문은 한 사람만 하는 게 아니라 밖에 있는 모니터를 통해 다른 동료도 함께하는 식으로 진행돼요. 그래야 더 안전하고 정확한 파악이 가능하겠죠.

편 무섭지 않으세요?

고 동료들과 함께 있기 때문에 저는 그들이 무섭지 않아요. 오히려 그들이 밖에 돌아다닐 때 우리 가족이나 소중한 사람들이 노출되는 상황이 더 두렵죠.

범죄 현장에서 마음이 힘들 것 같아요

[편] 범죄 현장에 제일 먼저 도착해서 확인하시죠? 마음이 힘들 것 같아요.

[고] 솔직히 말씀드리면 피해자의 아픔이 전이되는 것 같아 스트레스가 많아요. 그래도 저뿐만 아니라 여자 동료들도 다 잘하고 있죠. 일단은 현장을 가야 프로파일링이 가능해요. 프로파일러가 제일 먼저 현장을 분석하는 이유는 연쇄살인 사건 때문이에요. 범인이 연쇄살인을 하다 보니까 점점 진화하는 거예요. 자신의 흔적이나 증거를 전혀 남기지 않죠.

연쇄살인, 토막살인 같은 경우 해결이 안 되는 경우가 좀 있어요. 범죄자가 시신을 훼손하는 이유는 신원 확인을 못 하게 하고, 유기를 손쉽게 하기 위해서예요. 프로파일러는 토막사건에서도 절단면이 예리한 도구로 잘렸는지 거친 도구로 잘렸는지, 어느 부위를 잘랐고 몇 토막을 냈는지 등 분석해야 하므로 현장에서도 오랫동안 관찰해요.

[편] 지금은 사건 현장을 아무 느낌 없이 바라보실 수 있어요?

[고] 오히려 처음에 무감각했어요. 처음에는 현장 경험이 없

고 실제로 살인사건의 피해자를 본 적이 없었으니까요. 본청에 있을 때에도 실종자가 발견되지 않았기 때문에 경기청에 와서 처음 사건 현장을 가는데 떨리더라고요. 처음 범죄 현장을 보고 느꼈던 건 피해자에 대한 동정과 연민이었죠. 그리고 끔찍한 장면을 보게 되면 저도 모르게 스트레스를 받았어요. 그 이후에는 사건이 발생하면 현장으로 출발하기 전부터 내가 또 무엇을 보게 될지 몰라 심경이 복잡해요. 처음에는 잘 모르고 사건 현장으로 출동했다면 지금은 잘 알기 때문에 마음이 더 복잡하죠.

경찰에 검시 조사관이라고 있어요. 물론 국과수에 부검의가 있고 검안의사가 있지만, 그들은 일단 현장에서 멀리 떨어져 있어요. 검시 조사관은 말 그대로 현장에 가서 시체의 현상을 보고 경찰의 수사에 조언을 해주는 일반직 공무원이죠. 검시 조사관은 현장에 가서 시체를 보고 즉각적인 조언을 해요. 그들의 이야기를 들어보면 이 일은 아무리 해도 익숙해지지 않는대요. 저도 마찬가지예요.

시체 앞에서 고통이나 공포가 느껴지진 않나요

편 프로파일러도 결국 인간이잖아요? 피해자의 고통이나 공포가 느껴지진 않나요?

고 느껴져요. 제가 처음 담당했던 강호순 사건 때에요. 당시에 잠이 들면 어떤 범죄자가 꿈에 나왔는데 악마의 모습으로 나타났죠. 여러 번 악몽에 시달렸고 꿈속에서 지독한 공포를 느꼈어요.

분노가 치미는 경우도 많아요. 아침에 출근해서 당직 사건을 훑어보죠. 서류에 '살인사건 피의자 검거'라고 나와 있으면 범죄 사실을 자세히 읽어보고 어떤 특이 사항이 보이는 경우 경찰서에 가서 피의자를 만나야 해요. 심리 검사도 하고 성장 과정에 관해 이야기를 하면서 범죄의 행동 과정 중 범죄 동기를 파악하죠.

'어떻게 사람으로서 이런 짓을 할 수 있을까?'

'내가 왜 이렇게 나쁜 사람과 이야기를 해야 할까?'라는 생각이 들면서 화가 날 때도 있어요.

최근에 아동학대와 관련된 사건이 많았잖아요. 그게 사실 최근의 일은 아니에요. 과거에도 상당히 많이 있었죠. 예전에 계모가 다섯 살짜리 아이를 때려서 살해한 사건을 담당한 적이 있었어요. 피의자인 계모를 면담했죠. 아무리 계모지만 어떻게 다섯 살짜리 아이에게 그럴 수 있을까 분노가 치밀어 올랐어요. 당시 제 아이가 다섯 살이었죠. 제가 그때 피의자에게 화를 많이 낸 적이 있어요. 그래서 옆에 있는 후배가 냉정해지도록 말렸던 기억이 나네요.

살인사건 피의자
심리검사 진행

범죄자마다 접근 방법이 다른봐요

편 범죄자들에 대한 접근방법이 다 다른가요?

고 모두 다르게 접근해요. 범죄자마다 방어기제 즉 억압의 이유, 무의식에서 나오는 거짓말의 원인 등이 달라요. 여러 사람에게 같은 방법으로 접근하지 않아요. 특성이 모두 다르다는 전제하에서 범죄자마다 접근 방법을 다르게 적용하고 사건을 해결하죠.

특히 인간적인 부분과 범행 관련 부분은 구별해서 접근해요. 범인 중에는 성장 과정에서 상처를 입은 사람들이 많아요. 그런 사람들에게 인간적으로 접근하면 프로파일러와의 면담을 반기고 수사 과정에서 말하지 않는 부분도 많이 말하기도 해요. 그래서 프로파일러가 사람과 사건을 분리해서 바라보는 건 매우 중요해요.

업무 순서가 정해져 있나요

편 잔혹범죄 현장에 도착하면 업무 순서가 정해져 있나요?

고 일단 프로파일링 업무 전체에 대해 간단히 말씀드리면, 모든 사건이 프로파일링 대상이 되는 건 아니에요. 연쇄성 범죄, 엽기적 범행, 동기를 전혀 알 수 없는 경우에 프로파일러가 투입되죠. 사건을 맡으면 가장 먼저 현장을 가요. 수사관들로부터 기초 조사 내용을 수집하고 현장에서 취합한 정보를 토대로 타임라인을 만든 뒤 범죄 행동을 재구성하는 단계를 거치죠. 범인의 행동 하나하나를 분석하는 과정에서 의중과 동선, 피해자와의 관계 등을 예측할 수 있어요. 검거된 피의자와는 출생 시점부터 사건 당시에 이르기까지 모든 과정을 면담하고요. 현장 과학수사는 범죄 종류별로 순서가 달라지는 것이 아니라, 경찰청 훈령 과학수사 기본 규칙에 표준업무절차가 있어요. 주요 내용은 다음과 같아요.

01 · 현장 임장, 보존 및 판단

현장에 도착한 과학수사요원은 최초 도착한 경찰관의 설명을 청취하고, 현장의 위험성, 현장 통제, 피해자 생존 여부와 사건의 종류, 기타 현장 상황을 종합적으로 판단하여 현장 감식에 필요한 과학수사 인력, 장비, 전문기법 적용 여부를 결정한다.

02 · 현장 관찰

과학수사요원은 본격적인 기록과 증거채취 전에 범행과 직 · 간접적으로 연관된 유 · 무형 증거자료를 수집하기 위해 현장에 있는 물체의 존재 및 상태를 관찰하여야 한다.

03 · 현장 기록

과학수사요원은 현장 관찰, 증거자료 수집 등 현장에서 행하는 과학수사 활동을 시간 순서에 따라 감식, 상황도, 사진 촬영, 동영상 촬영을 통해 기록하여야 한다.

04 · 증거물 검색

과학수사요원은 과학적 기법과 장비를 활용하여 범죄 현장에 남아 있는 다양한 형태의 증거물을 빠짐없이 검색하여야 한다.

05 · 증거물 채취

과학수사요원은 지문, 발자국, 미세증거, DNA 감식 시료 등 모든 증거물을 적절한 순서에 따라 채취하여야 한다.

06 · 감정과 분석

과학수사요원은 채취한 증거물을 다양한 기법을 활용하여 감정하고 분석한다.

07 · 결과보고서 작성

현장 감식 실시 후 과학수사요원은 과학적범죄분석시스템(SCAS)을 통하여 「범죄수사규칙」 별지에 따른 현장 감식 결과보고서를 작성한다.

화성 연쇄사건 당시 프로파일러 팀이 있었다면

[편] 화성 연쇄사건 말인데요. 당시에 지금과 같은 프로파일러 팀이 있었다면 범인을 검거했을까요?

[고] 우리 경찰의 트라우마 사건이 화성 연쇄살인 사건이지만 그 사건을 계기로 과학수사가 발전하기 시작했다고 해도 과언이 아닐 거에요.

지금의 과학수사 환경이었다면 범인을 충분히 검거했을 거예요. 당시 수사 환경, 특히 과학수사 환경은 굉장히 열악했죠. 우리나라 과학수사가 발전하기 시작한 게 1990년대 후반부터예요. 과학수사라는 용어도 1999년 말부터 쓰기 시작했어요. 과학수사가 본격적으로 발전한 2000년 초기만 되었더라도 화성 사건의 범인을 검거할 수 있었을 거라고 생각해요. 하지만, 사건 발생 당시 담당 형사들과 지금의 후배 형사들이 끊임없는 노력을 통해서 드디어 범인을 검거했죠. 프로파일러들도 화성 연쇄살인 사건의 범인은 공소시효와 상관없이 언젠가 반드시 검거해야 한다는 생각을 갖고 있었어요. 그래서 경기도에서 발생하는 비슷한 사건을 볼 때 화성 연쇄살인 사건과 어떤 관련이 있지 않을까라는 생각을 많이 했습니다.

우리나라의 과학수사 발전은
왜 그렇게 늦어진 건가요

편 우리나라의 과학수사는 발전이 왜 그렇게 늦어진 건가
요? 미국은 오래전부터 과학수사를 도입하지 않았나요?

고 우리나라가 과학수사를 시작한 건 1948년도예요. 하지
만 한국전쟁을 겪으며 경제발전 및 도시화가 늦어졌고, 사실
그때는 다른 선진국들조차도 연쇄살인 사건이 발생하지 않았
죠. 미국은 연쇄살인 사건들이 일어나기 시작한 1950년대부
터 준비를 해서 1970년대가 되어서야 미국 FBI에서 프로파일
링 수사를 도입해요.

우리나라는 화성 연쇄살인 사건과 2000년 유영철 사건으
로 과학수사가 발전해요. 그전에도 연쇄살인이 있었지만, 대
부분은 명확한 목적이 있었어요. 지존파, 막가파는 가진 자에
대한 분노 때문에 부유층을 납치해서 그들의 돈을 뺏고 사건
을 일으켰죠. 그런데 자신의 쾌락을 위해 살인을 한 건 화성
연쇄살인 사건과 유영철 사건이 처음이에요. 미국과 30년의
세월 차이를 두고 성적 쾌락을 목적으로 하는 연쇄살인이 일
어난 거죠.

1980년대만 해도 누군가에게 원한을 갖고 살인을 저지르는 경우가 대부분이었어요. 아니면 돈이나 애정을 목적으로 범행을 저질렀죠. 그런 사건들은 주변에 모든 단서가 있으므로 형사가 피해자의 주변 인물과 행적을 조사하면 거의 다 해결되었어요. 화성 연쇄살인 사건은 우리나라에서 성적 쾌락을 목적으로 한 최초의 연쇄살인 사건이었기 때문에 그때에는 연쇄성 범죄에 대한 대비가 없었던 거죠.

겨울 얼음속에서 증거를 찾는 과학수사

범죄가 자주 발생하는 사회의
특징은 무엇인가요

편 범죄가 자주 발생하는 사회의 특징이 있나요?

고 학자들의 연구에 따르면 개인화, 익명화 등 도시적 특성에 따라 범죄가 자주 발생하는데, 주로 상업시설, 단독·다가구주택, 주거 상업 혼재지, 유흥·숙박시설 등이 많은 지역에서 일어난대요.

조금 더 구체적으로 살펴보면 범죄는 골목길 등 이른바 '노상'에서 가장 빈번하게 일어나며 주로 야간, 그리고 주말에 많이 발생해요.

'서민 보호 치안 강화구역'과 '청소년 유해업소 밀집 지역'을 중심으로 범죄 취약 지역의 특성을 살펴보면, 1인 가구, 15~34세 여성인구, 저소득가구 비중이 높고, 세입자 가구 비중과 인구 이동률이 높은 이른바 '뜨내기'가 많은 지역이에요. 가로등이 부족하거나 야간조명이 충분치 않은 지역, 불법주차, 쓰레기 투기 등 기초질서 유지 및 환경관리 상태가 불량한 지역도 포함되고요.

그래서 특히 범죄 취약성이 높은 대도시에서 시민들이 안

심하고 살 수 있기 위해서는 경찰, 지자체, 시민 등의 상호협력과 참여가 필수적입니다. 또 안심 도시를 만들기 위해서는 물리적 환경 개선과 행정, 사회적인 대책을 아우르는 종합적인 접근이 필요해요.

잔혹범죄가 자주 발생하나요

편 잔혹범죄가 자주 발생하나요? 우리는 뉴스를 보면서 '혹시 나한테 소중한 사람들이 잔혹범죄의 희생자가 되면 어쩌지?'라는 공포를 느끼잖아요. 특히 뉴스를 보면 잔인한 사건들이 주위에서 매일 일어나는 것처럼 느껴져요.

고 실제로 국민의 90% 이상이 자신이 묻지 마 식 범죄의 피해자가 될까 봐 불안해하고 있다는 조사가 있어요. 그래서 최근 진주 방화 살인사건이나 강남역 살인사건 같은 묻지 마 식 범죄는 사회적으로 큰 파장을 일으켰죠. 그런 큰 사건은 많은 방송사가 수사의 과정까지 자세하게 보도를 하니까 흉악하고 위험한 사건이 매일 일어나는 것처럼 느껴져요. 하지만 그런 사건들이 매일 일어나는 건 아니에요. 전에는 살인사건을 한 번도 담당하지 않은 형사도 있었대요. 강원도 산골이나 범죄 없는 마을에서 근무하는 형사들은 살인사건 수사 없이 정년퇴직하는 분도 있다고 들었어요.

범죄가 일어나는 횟수를 알 수 있나요

편 일반인들이 범죄 발생 횟수를 한눈에 확인할 수 있나요?

고 포털사이트에서 범죄 시계라는 걸 검색하면 사건 수를 시간으로 나눈 수치를 한눈에 확인할 수 있어요. 경찰청에서 발표하는 자료예요.

우리나라는 2000년부터 2003년까지 평균 18.4초마다 각종 범죄가 발생한 것으로 나타났어요. 주요 사건의 시간 주기를 살펴보면 폭력(1분 35초), 절도(3분 5초), 강간(1시간 16분), 강도(1시간 36분), 살인(9시간 4분)이에요.

2005년부터 2009년 6월까지 4년 6개월간의 각종 범죄 건수를 시간으로 나눠 조사해보니, 각종 범죄가 16.9초마다 한 번씩 벌어지고 있는 것으로 나타났어요. 주요 사건의 시간 주기는 폭력(1분 47초), 절도(2분 31초), 강간(1시간), 강도(1시간 45분), 살인(7시간 54분)으로 나온 거죠. 2000년에 비해서 범죄 시계 속도가 빨라졌죠?

범죄 시계 속도가 빨라졌기 때문에 범죄를 예방하기 위해서는 늦은 시간 유흥가나 우범 지역의 출입을 피하고, 각 가정에서는 문단속을 철저히 하는 노력이 필요해요.

범죄를 예방할 방법은 없나요

편 편 : 범죄를 예방할 방법은 없나요?

고 요즘은 셉테드CPTED. 즉 범죄를 예방하기 위한 환경설계에 모두 관심을 기울이고 있어요.

셉테드는 Crime Prevention Through Environmental Design의 머리글 문자에요. 즉 환경설계를 통한 범죄예방으로, 환경이 제공하는 범죄 기회를 제거하거나 최소화하는 방향으로 도시공간을 계획하고 변경하는 거죠. 이런 방식으로 범죄에 대한 불안감을 감소시키고 나아가 공동체를 활성화하는 모든 노력을 뜻하는 말입니다. 좋은 예가 가로등, CCTV 설치예요. 그 덕분인지 범죄가 확실히 감소하고 있는 것 같습니다.

4. #프로파일러가 되는 방법

프로파일러가 되기 위한 대학이나 학과가 있나요

편. 프로파일러에 대해 검색하다 보면 수사기법이나 구체적인 업무 보다는 프로파일러가 되는 방법을 제일 많이 질문하더라고요. 워낙 이야기의 소재로 많이 쓰인 직업이라 그런 것 같아요. 그래서 저희도 바로 시작해 보겠습니다. 이 직업을 갖기 위해 들어가야 하는 대학이나 학과가 있나요? 만약 없다면 관련이 깊은 전공은 무엇일까요?

고. 프로파일러는 가장 최근인 2017년에 상반기 경찰공무원 경력경쟁 채용에서 5명을 선발했어요. 당시 자격요건을 보면 관련 분야 석사 학위 이상 소지자(심리학 · 사회학 · 범죄학) 또는 학사 학위 이상 소지자로서 2년 이상 근무한 (연구) 경력자였어요.

채용분야	자격요건
범죄분석 (과학수사)	관련 분야 석사 학위 이상 소지자(심리학·사회학·범죄학) 또는 학사 학위 이상 소지자로서 2년이상 근무(연구)경력자 학위 • 학과명에 「심리학」, 「사회학」, 「범죄학」이 명시된 경우 지원 가능 (복수전공자는 가능, 부전공 불가 – 학위 취득여부로 판단) • 他전공 학사학위 취득 후, 관련분야 석사학위를 취득한 경우는 불인정 경력 • 국가기관·지방자치단체·공공기관에 준하는 기관에서 임용예정직과 관련이 있는 세부직무분야*에서 정규직으로 2년이상 전일제 근무(연구)한 경력 • 세부직무분야 : 범죄수사, 범죄행동(심리)분석, 심리측정·평가 • 학교기관 및 연구기관 행정조교, 대학원 과정 등은 경력 불인정

경찰행정학과와 경찰대학교는 어떤 차이가 있나요

편 경찰 관련 학과, 학교 중에 경찰대학교와 경찰행정학과가 있잖아요. 둘의 차이는 무엇일까요? 특히 졸업하고 나서 진로가 어떻게 다르죠?

고 국립 경찰대학은 1979년 경찰대학 설치법에 따라 경찰 간부 육성을 위해 설립된 4년제 특수대학이에요. 육군, 해군, 공군 사관학교와 비슷하다고 생각하면 쉬울 거 같아요. 경찰 대학교를 졸업하면 별도 채용 시험을 거치지 않고 경위로 임관하여 경찰관이 될 수 있어요.

일반대학교의 경찰행정학과는 경찰의 업무를 체계적으로 수행할 수 있도록 바탕이 되는 학문을 배우는 곳이에요. 실제 경찰업무 수행을 위해서 각종 이론과 함께 체포 기술과 같은 무도 기술을 습득하죠. 졸업 후에는 경찰청 경찰관 채용시험에 합격해야 경찰관이 될 수 있어요.

중고등학교 학생들은 무엇부터 시작하면 좋을까요

편 이 책을 읽는 학생은 '프로파일러가 되기 위해서 지금 당장 무엇부터 시작할까?'라고 고민할 것 같아요. 구체적으로 알려주세요.

고 경찰을 하고 싶다고 얘기했던 제 둘째 아이가 현재 중학교 2학년이에요. 이 질문은 학부모인 제게도 중요한 부분이에요.

첫째. 사회현상에 관심을 가지면 좋겠어요. 뉴스를 주의 깊게 보고 신문 사회면도 매일 읽어서 사회 현상을 분석하는 시각을 가져야 해요.

둘째. 국·영·수 위주의 학교 공부도 중요하지만, 고전부터 최근의 인문학 서적까지 다양하게 많이 읽고 경험을 쌓아야 하죠. 인문학적인 사고가 중요합니다.

셋째. 공부는 어느 정도 잘해야 해요. 사실 프로파일러는 심리학 관련 전공자를 채용하고 있어요. 주로 석사학위가 자격 요건이고 학사학위는 관련 분야 근무 및 연구 경력이 필요하죠. 심리학과가 있는 대학은 그렇게 많지 않아요. 그 학교에 입학할 수 있을 정도의 성적은 나와야 합니다.

공부를 못해도 프로파일러가 될 수 있을까요

편 공부를 못해도 프로파일러가 될 수 있을까요?

고 제 아이들에게 이런 이야기를 해요.

"모든 학생이 공부를 잘해서 일류대를 갈 순 없어."

큰아들의 말이 어떤 친구들은 일류대를 못 갈 것 같아서 중학생 때부터 공부를 포기했다고 하더라고요. 중, 고등학생 시절에 미리 겁을 먹고 꿈을 포기해 버리면 사회적으로 많은 문제가 될 것 같아요. 상위권 성적이 아니더라도, 지방대에 간 친구들은 자신의 학과 적성을 찾아서 열심히 공부하고 그 안에서 다시 대학원에 진학하면 돼요. 성적이 뛰어나게 좋진 않아도 꿈을 이루는 여러 가지 길이 분명히 있으므로 절대 포기하면 안 돼요.

편 선생님께서는 지금도 계속 공부하시나요?

고 저도 공부 자체를 좋아하진 않았어요. 노력한 것에 비해서는 좋은 성과가 있었던 것 같아요. 다만 끈기가 부족했던 건 아쉬워요. 언젠가 TV에서 소설가 황석영 선생님께 소설을 어떻게 쓰냐고 물었는데 엉덩이로 쓴다고 대답하셨어요.

무슨 말씀인지 이해가 안 되죠? 좋은 소설을 쓰기 위해서는 책상에 많이 앉아 있어야 한다는 것을 엉덩이로 표현하신 거예요. 공부도 엉덩이로 해야 하는 건데 저는 그 인내심이 부족해서 오래 앉아 있지 못했죠. 운 좋게 한두 번은 좋은 결과가 있었지만, 행운이 계속 따라오는 건 아니에요. 이 책을 보는 여러분은 성적에 상관없이 인내심을 기르기 위해 책상에 오래 앉아 있는 연습을 하고 성적이 잘 안 나오더라도 꾸준히 공부하면 좋겠어요.

영어 원서를 많이 읽나요

편 프로파일링 수사 기법을 공부하려면 영어 원서를 많이 읽어야 하나요?

고 네, 맞아요. 가끔 '부모님 말씀 잘 듣고, 학창 시절에 영어 공부를 더욱더 열심히 했으면 좋았을 텐데.'라고 후회할 때가 있어요.

프로파일링 기법이라는 게 외국에서 시작한 거잖아요. 결국에는 원서와 외국 연구논문을 계속 봐야 해요. 외국어 문제에 많이 부딪히죠. 프로파일러에게 영어는 공부가 아니라 생활이에요. 공부를 잘하건 못하건 무조건 열심히 해야 했다는 후회를 많이 했어요.

프로파일러는 한 해에 몇 명 채용하나요

편 프로파일러는 한 해에 몇 명 채용해요?

고 우리나라 최초의 프로파일러 특채는 30명을 계획했어요. 2004년 유영철 사건 이후에 각 지방청에 프로파일러를 2명씩 배치한다는 계획으로 30명을 뽑은 거죠. 그런데 2006년 정남규 사건의 수사 과정에서 프로파일링 기법이 인정을 받아 10명을 추가로 채용했어요. 2005년 15명, 2006년 15명, 2007년 10명. 이렇게 해서 총 40명을 채용했죠. 그 40명이 본청과 각 지방청에 2명씩 근무를 했어요.

그런데 동료들 몇 명이 유학 등 개인적인 이유로 프로파일러를 그만두고 다른 길을 찾아갔고 남아있는 동료들도 휴직 등으로 현재 현장에는 약 30명도 채 남지 않았어요. 30명 중에서 저처럼 중앙경찰학교에서 근무하거나 다른 업무를 하는 동료들을 빼면 현장에는 20여 명이 남았죠. 그래서 2014년 6명, 2015년 6명, 2016년 4명, 2017년 5명 총 21명을 추가로 채용했어요. 보직이 바뀌거나 일을 그만둔 20명 자리에서 후배들이 이어서 업무를 하고 있어요.

편 매년 채용하지는 않겠네요.

고 2017년까지 21명을 추가로 채용했으니까 다시 채용 공고가 올라오기까지 꽤 오랜 시간이 걸릴 것 같아요. 왜냐하면 아까 말씀드린 40명 중에 지금 남아있는 인원이 20명이었고요. 그 20명을 채우기 위해 2014년부터 2016년까지 매해 6명씩 총 18명을 채용하려고 했는데 마지막 해에는 인원이 줄어서 4명만 채용했죠. 다행히 2017년에 5명을 추가로 채용해서 총 21명을 추가로 채용했어요. 현재 근무하는 프로파일러 중에 결원이 생기면 그때 채용공고가 올라오지 않을까 싶어요.

경찰 시험에 합격하는 비결을 알려 주세요

편 선생님께서는 신임 경찰관들이 반드시 거쳐야 하는 중앙 경찰학교 교수직을 역임하셨어요. 학생들이 이야기하는 경찰 공무원 시험 합격 비결 좀 알려 주세요.

고 경찰공무원 시험은 요즘 경쟁률이 높아져서 준비 기간을 대강 2~3년 정도로 보고 있어요. 실제 노량진 등 공무원 시험 학원가에 가면 수많은 경찰공무원 응시생을 만날 수 있어요. 경찰 공무원 시험 일정과 준비해야 할 과목은 무엇인지 알아볼게요.

경찰공무원 채용은 필기시험(50%), 신체검사, 체력검사(25%), 면접자료로 활용되는 적성검사와 면접(20%), 그리고 가산점(5%)을 합산해 결정해요. 경찰공무원 시험은 타 공무원 시험보다 필기시험의 비중이 50% 정도로 낮고 체력검정과 면접 비중이 높은 것이 특징이에요. 그리고 보통 4~5%의 가산점 보유자가 합격할 확률이 높으므로 실용 글쓰기, IT, 토익 등의 관련 자격증을 미리 준비하는 게 합격에 유리합니다.

첫 번째 관문인 필기시험에 대해 순경 공채 시험을 기준으로 말씀드릴게요.

필기시험은 매우 중요해요. 전체 비중에서 50%를 차지하고 신체, 체력 테스트로 넘어가기 위해서 반드시 통과해야 하는 관문이죠. 2020년 1월 현재 필수 과목은 한국사, 영어, 선택 과목으로 형법, 형사소송법, 경찰학 개론, 국어, 수학, 사회, 과학 중 3과목을 선택하면 돼요.

필기시험은 과목당 20문항이며 객관식으로 출제되고 과목별 40% 이상 득점자 중에서 고득점순으로 합격자를 결정하기 때문에 필기시험은 무조건 잘 봐야 합니다.

중요한 점은 경찰공무원 시험과목 개편에 대한 행정 예고가 있었는데 아마도 2022년 상반기부터 적용될 것 같아요. 개편안을 보면 선택과목은 폐지하고 필수 과목을 5개로 지정했는데, 영어, 한국사, 헌법, 형사법, 경찰학 등이며 이 중에서 영어와 한국사는 검정제 또는 절대 평가로 대체 할 예정이래요. 아마도 공인영어시험이나 한국사 검정시험 등으로 평가할 것 같습니다.

경찰 시험을 준비하는 학생들은 첫 관문이자 가장 큰 비중을 차지하는 필기시험에 많은 부담을 느끼는 것 같아요. 기본서를 통한 이론의 반복 학습으로 바탕을 다진 후에 문제 풀이 과정을 통해 문제해결 능력을 높이면 좋은 결과가 있을 거예요.

영어는 크게 어휘, 문법, 독해 부문으로 나뉘어요. 먼저 단어의 의미, 어근을 통해 동의어, 같은 분야에서 사용하는 연관어 등을 폭넓게 공부해서 기본 어휘의 양을 늘리는 것이 중요해요. 독해를 통해 글 속에서 쓰인 어휘를 학습하고 문법은 문장의 기본 원리와 동사로 시작해서 각 세부적인 품사에 이르기까지 체계적으로 정리한 후 부족한 부분을 집중적으로 보완하면 됩니다.

신체검사

신체 조건, 신체검사 기준은 조금 까다로운 편이에요. 신체 조건은 건강 상태가 양호하고 약물검사에 이상이 없어야 해요. 청와대 경비를 담당하는 101경비단은 신장 170cm 이상을 요구하지만, 다른 경찰직은 별도의 신장 조건은 없어요.

색맹, 색약은 없어야 하고 시력은 교정시력 포함 0.8 이상이면 가능합니다. 청력은 양쪽 40db 이상을 들을 수 있으면 되고, 혈압의 경우 확장기, 수축기혈압이 저혈압(60~90mmhg 미만) 또는 고혈압(90~145mmhg 초과)에 해당할 경우 자격이 안 되니 건강관리가 정말 중요하겠죠?

또한, 문신이 있으면 신체검사에서 불합격하게 되니 절대로 하면 안 됩니다.

필기시험과 체력검사 어느 하나도 소홀히 할 수 없으므로 평소 두 가지를 꾸준히 병행하며 연습하는 게 좋아요. 필기시험 합격에만 급급해서 체력검사 준비를 뒤로 미루면 짧은 시간 동안 좌우 악력, 윗몸 일으키기, 팔굽혀 펴기, 100m 달리기, 1,000m 달리기 등을 준비해야 해서 부상 등으로 시험에서 제 실력을 충분히 발휘 못 하는 역효과가 날 수도 있어요.

면접시험

면접 전형에서는 직무 수행에 필요한 능력, 성실성, 정직성, 준법성, 발전성 등 경찰관으로서의 적격성을 검정해요. 평면적인 면접만으로는 수험생 인성 파악에 한계가 있기 때문에 집단 면접과 개별 면접을 병행하죠. 수험생들은 솔직하고 자신감 있는 태도로 면접에 임하되 항상 예의를 갖추어야 해요. 수험생들끼리 면접 스터디 그룹을 만들어 모의 면접을 하는 것도 좋은 방법의 하나에요. 간혹 수험생들이 면접을 다른 시험보다 조금 쉽게 생각하는 경향이 있는데 경찰 면접은 절대 쉽지 않아요. 면접은 사전 준비가 되어 있느냐 아니냐로 판가름 납니다.

경찰관들도 프로파일러에 대해 관심이 많나요

편 경찰관들도 프로파일러에 대해 관심이 많나요?

고 신임 경찰관들은 프로파일러가 되고 싶다고 질문하거나 지속적인 관심을 두는 사람이 많아요. 2016년에 방영한 드라마 〈시그널〉이 실제 사건을 토대로 재구성한 내용인데 그걸 아는 친구들은 드라마에 나왔던 사건이 실제로 어떻게 해결되었는지 질문하더라고요. 프로파일러가 되고 싶은데 어떻게 해야 하냐는 질문에는 이렇게 대답해요.

제일 먼저 경찰이 된 후 가장 중요한 형사 부서에서 강력반 형사를 한다.

그다음에 수사 연수원의 프로파일러 전문 교육과정을 이수한다.

마지막으로 각 지방경찰청 과학수사계의 문을 두드리고 합격한 후에 결원이 생기면 프로파일러와 함께 근무하면 된다.

일반 경찰 시험과 프로파일러 시험이 다른가요

편 일반 경찰 시험과 프로파일러 시험이 다른가요?

고 달라요. 경찰이 되는 방법 중에는 일반 공개채용 말고 경력경쟁 채용이 있어요. 경력경쟁 채용은 외국어나 컴퓨터 등 특정 분야의 전문가를 뽑죠.

일반 공채는 법 과목 위주로 시험을 보는데 프로파일러 채용은 심리학, 사회학, 범죄학 전공자만 지원을 받아요. 관련 부서 경력자도 가능하죠.

제 경우 1차는 서류심사, 2차는 전공 관련 구술시험이었어요. 2차 구술시험의 면접관은 국립과학수사연구원 박사와 대학교수 두 분이었죠. 그분들이 심리학 관련 질문을 했어요. 3차는 적성검사, 마지막이 면접이었죠. 2차 구술시험이 일반 공채와 달랐어요.

구술시험 질문을 알 수 있을까요

편 혹시 최근의 구술시험 질문을 알 수 있을까요? 아니면 교수님께서 시험 보실 때 기억에 남았던 질문이 있나요?

고 저는 자살에 대한 질문을 받았어요. 제가 경험한 사례들을 말씀드렸죠. 그다음에 수도방위사령부 영창에서 근무할 때 보았던 범죄자나 범죄에 대한 것들을 말씀드렸어요.

후배들이 말하기를 최근에는 묻지 마 식 범죄와 관련하여 사이코패스나 소시오패스 등의 질문, 빅데이터 관련 연구방법론, 지오프로스(지리적 프로파일링), 살인사건 피의자와 면담 시 계획수립 등 사회적으로 프로파일러와 관련하여 쟁점이 되는 질문과 실제 업무에 대한 질문을 한대요.

편 나이 제한은 있나요?

고 경찰공무원의 응시 나이는 20세 이상 40세 이하예요. 남자는 군대를 제대하였거나 면제받는 등 병역의 의무를 마쳐야 하고요. 군대에서 복무한 기간만큼 응시 나이가 연장되기 때문에 약 42세까지는 응시가 가능한 것 같아요.

기출 문제가 있나요

편 프로파일러가 되고 싶은 학생들은 특채 과정이 궁금할 것 같아요. 기출문제가 있나요?

고 없어요. 왜냐하면, 전공 관련 구술시험이거든요. 문제가 매번 달라요. 제가 시험을 봤을 때에는 군대 범죄자와 관련한 경험과 제가 다룬 사건을 질문했어요. 제 후배는 심리학 학문에 대해 집중적으로 질문을 받았대요. 어느 사건의 프로파일링과 관련한 질문을 한 예도 있고요. 워낙 질문 범위가 넓어요. 단기간에 공부해서 합격하기는 어려울 것 같아요.

그래도 사회적으로 프로파일러와 관련하여 쟁점이 되는 질문에 대한 답변을 준비한다면 효과가 있을 거예요.

면접 시간, 면접관은 어떻게 되나요

편 실기시험 시간은 얼마나 걸려요?

고 한 사람당 30분~50분 정도로 실기시험을 진행해요.

편 실기시험관은 누구세요?

고 국과수의 박사님이 한 분 계세요. 별도의 연구 활동을 하는 분인데 제가 시험 볼 때는 그 박사님이 질문하셨죠. 관련학과 대학교수, 형사정책연구소 박사 등 범죄심리 또는 프로파일링 전문가들로 구성되는데, 시험 볼 때마다 실기시험관도 매번 달라져요.

편 경쟁률은요?

고 15명을 채용할 때 서류 심사의 경쟁률은 10:1. 저와 함께 구술시험을 본 친구들이 100명 정도 되었어요. 결원이 생기면 4~6명을 채용하는데 2017년 채용 당시에도 약 11:1 정도였어요. 아무래도 심리학, 사회학, 범죄학 전공 석사 학위 소지자를 대상으로 하다 보니까 지원자는 많지 않은 거 같아요.

채용 정보는 어디에서 확인하나요

편 채용 정보는 어디에서 확인하나요?

고 경찰청 홈페이지에 들어가면 채용란이 있는데 거기에 공고를 해요.

www.police.go.kr

UN 몽골 경찰과 함께

UN 인도네시아와 몽골 경찰

5. #프로파일러 과학수사 🔍

프로파일링이란 무엇인가요

편 프로파일링이란 무엇인가요? 미국 드라마에 나오는 프로파일러는 아주 작은 단서 안에서 범죄자의 심리를 꿰뚫어 보고, 해결이 불가능할 것 같은 어려운 사건을 다 풀어내더라고요.

고 프로파일링은 수사기법 중 하나에요. 프로파일러는 프로파일링 수사기법을 전문적으로 활용하여 형사들에게 수사 방향을 제시하는 사람이죠. 프로파일링 수사기법이란 증거나 단서가 없는 강력 사건에서 현장에 나타난 범인의 행동을 심리적으로 분석하여 우선 수사대상 용의자를 선별하는 것이에요.

편 사건 해결이 아니라 해결의 방향을 제시한다는 말씀이네요.

고 네. 해결사라는 표현보다 수사의 방향을 제시한다는 표현이 더 정확해요. 수사는 프로파일러 혼자 하는 게 아니에요. 형사들과 함께하죠. 전체 수사 과정 중에 프로파일러가 하는 일은 다음과 같아요.

1. 사건 현장 재구성과 범죄행동분석을 통한 수사 방향을 제시한다.
2. 사건 관련자들의 진술이 신빙성 있는지 판단한다.
3. 용의자의 거주 지역 범위를 설정하고, 그 안에서 동일 수법 전과자 등 우선 수사 대상자를 선별한다.
4. 용의자 심문을 어떻게 할 것인지 전략을 세운다.
5. 피의자의 심리 면담을 진행한다.

이렇게 수사 전반에 걸쳐 다양한 방법으로 수사 방향을 제시하고 지원하죠. 하나 더! 보고서도 써야 해요. 물론 일반 보고서는 아니에요. 과학적인 방법을 동원해 결론을 도출한 범죄 분석 보고서를 작성해요. 프로파일러란 '강력 사건 수사 상담사'라고 할 수 있어요.

과학수사 장비 교육

Job
Propose 01

프로파일러도 분야가 나누어져 있나요

편 프로파일러도 분야가 나누어져 있나요?

고 프로파일러 경력경쟁 채용의 경우 각자의 전공이 있었지만, 첫 출발은 같은 업무로 시작했어요. 그런데 지리적 프로파일링이나 진술 분석을 위해 유학도 가고, 각자의 분야에서 전문가가 되겠다는 동기들이 생기면서 분야가 조금씩 나뉘었어요. 지리적 프로파일링을 전문으로 하는 동료, 진술 분석만 전문적으로 하는 동료가 있어요. 프로파일러로 채용됐지만 거짓말 탐지기 검사관만 전문적으로 하는 동료도 있고요.

편 사건이 일어나면 프로파일러 전문 분야에 따라 배정돼요?

고 그렇지는 않아요. 우선 사건 발생지 기준으로 해당 지방청에 소속된 프로파일러가 담당해요. 그런데 지방청에 한 명 또는 두 명밖에 없기 때문에 사실 분석에 한계가 있어요. 그래서 사건이 발생하면 본청에서 지원이 나오고 자료를 공유하면서 광역 단위의 수사가 진행되죠. 자주 있는 일은 아니지만 중요한 사건을 해결할 때에는 전국에 있는 프로파일러가 다 모인다고 생각하면 돼요.

🔳 프로파일링 분야는 어떻게 되나요?

🔳 외국에서는 용의자 프로파일링, 사건 프로파일링으로 나누어 연구하고 있어요. 지리적 프로파일링을 연구하는 사람도 있죠. 분야별 프로파일링 설명은 2014년 4월에 발간된 한국심리학회의 심리학용어 사전에 자세하게 나와 있어요.

용의자 프로파일링(=범죄자 프로파일링)

범죄자 프로파일링은 범죄 현장에는 범죄자의 평소 습성이나 일상적인 행동 방식이 고스란히 반영되어 있다는 것을 전제로 범죄 현장을 분석하여 범죄자의 유형을 밝혀내는 것이다. 이 정보에 따라 수사 전략을 세우고 수사망을 좁혀 범인 검거에 기여한다. 범인이 검거된 후에도 신문 전략을 세워 범인이 수사 기관의 조사에 협조할 수 있도록 하여 다각적 기능을 수행한다. 범죄자 프로파일링은 크게 귀납적 프로파일링과 연역적 프로파일링으로 구분된다. 미국 연방수사국 FBI의 행동과학부(Behavioral Science Unit)에 처음 도입되어 전담 부서를 두고 있으며 FBI의 프로파일링 기법이 현재 보편적으로 알려져 있는 기법이다.

미국 최초의 범죄자 프로파일링이라고 할 수 있는 사건은 1932년 찰스 린드버그라는 아동의 유괴 사건이다. 정신의학자 더들리 셴펠드Dudley Shenfeld는 피해 아동이 유괴된 직후 바로 살해되었고 범인은 혼자라는 결론을 도출했는데 이는 사실과 일치했다. 이 사건 이후 범죄자 프로파일링이 인정받기 시작했다.

그러나 본격적으로 범죄자 프로파일링이 주목받은 것은 1940년에서 1950년

사이에 발생한 매드 바머^{Mad Bomber}사건을 통해서였다. 이 사건은 1940년 미국 전기회사 콘솔리데이티드 에디슨^{Consolidated Edison}건물의 작은 폭발로 시작해서 범죄자가 16년 동안 인구 유동량이 많은 장소를 골라 폭발을 일으킨 사건을 말한다. 당시 정신의학자 제임스 A. 브뤼셀은 범인이 보낸 협박 편지, 범죄 현장 사진, 경찰이 제공한 정보 등을 토대로 범인의 특징을 분석했는데, 그 특징을 살펴보면 다음과 같다.

> 범인은 단독범이며 연령은 40~50대, 내성적인 성격, 비사회적이지만 반사회적 성격은 아님. 기계를 다루는 기술이 있으며 교활함. 기계를 다루는 기술에 자부심이 강함. 내성적인 남자. 두 줄로 단추가 달린 양복을 입고, 보통 단추를 모두 채우고 다닐 것임. 범행 동기는 아마도 직장에서의 해고나 질책일 것임. 분노는 계속해서 커지고 있음. 현재 콘솔리데이티드 에디슨 회사에서 일하고 있거나 과거에 일했던 근로자임.

이 분석을 토대로 범인을 검거할 수 있었는데 범인은 이전에 콘솔리데이티드 에디슨에 근무했던 조지 메스키^{George Metesky}로 그 회사에 큰 불만을 품고 있었으며 체포 당시 프로파일의 내용대로 두 줄로 단추가 달린 양복을 입고 단추를 모두 채운 상태였다.

지리적 프로파일링

지리적 프로파일링의 기본 개념은 지리정보시스템(GIS, Geographic Information System)에 범죄데이터를 접목하여 범죄예방과 수사에 활용한다는 것이다. 범죄는 기본적으로 지리적인 속성을 가지고 있기 때문에 범죄분석에 있어서 공간적 패턴을 분석하는 것은 매우 중요하다. 범죄정보와 GIS의 결합은 범죄발생자료를 지도상에 나타냄으로써 범죄 발생 위치를 시각적으로 표현하고, 범죄다발지역을 규명하며, 공간통계기법을 활용해 범죄 패턴을 분석할 수 있게 해준다.

지오프로스(GeoPros, Geographic Profiling System)는 2009년 한국 경찰이 개발한 '한국형 범죄 예측 시스템'이다. 죄종별 범죄 발생 위치와 시간, 범죄자의 인구학적 특성 등이 담긴 경찰의 범죄 데이터와 전국을 37만여개 블록으로 나눈 지도를 연계해 우범 지역을 등고선 형태로 보여 준다.

특히 2014년에는 프로그램을 고도화해 블록 한 곳 내 유동인구 수, 폐쇄회로 CCTV 수, 유흥업소 영업 상황, 기상정보, 경찰서와의 거리, 전과자 거주 상황 등 42개 변수와 범죄 발생의 상관관계를 따져 범죄 지수를 산출할 수 있게 됐다. 예컨대 서울 마포구 공덕역 5번 출구 인근에 대해 '오늘 절도사건 발생 지수 100'이라고 예측하면 마포구 내에서는 이곳에서 절도사건이 발생할 가능성이 가장 높다는 뜻이다.

사건 프로파일링(=연관성 프로파일링)

연관성 프로파일링이란 다수의 발생사건 중 다양한 범죄 및 범죄자 특성을 분석하여 동일범에 의한 범죄를 가려내는 것으로 'Linkage profiling' 또는 'Linkage analysis'라고 한다.

용의자(범죄자) 프로파일링이 범죄 및 범죄자의 특성을 분석하여 범인의 프로파일profile 즉 범인상을 추정하는 역할을 한다고 할 때 연관성 프로파일링은 다수 범죄의 용의자 프로파일링을 통해 연쇄 사건을 추려내고 그 속에서 용의자 프로파일링까지 도출해 내는 것으로 용의자 프로파일링의 확장된 개념이라고 볼 수 있다. 때문에 단일 사건의 용의자 프로파일링 단계에서 최대한 많은 범죄

특성과 범죄자 특징을 발견하는 것이 중요하고, 이것이 다수의 사건들 간에 공통점과 연관성을 분석하는데 중요한 재료로 기능할 수 있다.

그 외에 프로파일링의 분야는 아니지만, 프로파일러들의 역할 중 하나인 진술분석에 대해서도 살펴볼게요.

진술분석은 경찰 내부에서도 아직은 생소한 수사 기법이다. 진술분석은 주로 용의자의 진술을 분석하여 진술의 신빙성을 평가하거나 사건 해결의 단서를 유추하는 수사 기법이라고 할 수 있다. 미국, 캐나다, 영국 등의 수사기관에서는 피의자 신문기법, 거짓말 탐지 검사와 관련하여 많이 활용되고 있으며, 거짓말 탐지 검사관이 피검자의 진술을 분석하여 보다 많은 정보를 거짓말 탐지에 활용하기도 한다. 이러한 진술 분석 기법은 DNA, 지문과 같이 사건 해결에 결정적 단서가 되거나 유죄 입증의 증거로써 활용할 수는 없지만 용의자의 진술 모순점을 집중적으로 추궁하거나 용의자가 감추고자 하는 사실이 있다면 무엇인지 추론함으로써 수사의 단서를 찾아내는데 기여할 수 있다.

출처: 2014. 4월 한국심리학회 『심리학용어』

　　프로파일링 분야가 이렇게 나누어져 있지만 우리는 외국처럼 구분해서 일하지는 않아요. 한 가지 사건을 분석하면서 여러 가지 이론과 방법을 적용해 보죠. 사건에 따라서 그때 구성된 인원에 따라서 각자의 역할을 나누지만, 융통성 있게 진행해요.

폴리그라프(거짓말탐지)검사

현장의 발자국 분석

혈흔형태 분석 실험

본격적인 프로파일링은 어떻게 진행하나요

편 본격적인 프로파일링은 어떻게 진행하나요?

고 형사들로부터 사건 의뢰가 들어오면 프로파일링이 시작 돼요.

첫째. 우선 자료를 정리해요. 현장 증거, 용의자 정보, CCTV 자료, 통신 자료, 참고인 자료, 탐문수사 자료 등을 받아요.

둘째. 그 많은 정보 중에서 어떤 것을 신뢰할 것인지 판단하고 추려내죠. 목격자 진술의 경우 신빙성이 50%도 안 되는 게 현실이에요. 목격자 진술과 각종 증거를 우리가 얼마만큼 신뢰할 것인지 판단하죠.

셋째. 신뢰할 만한 정보를 갖고 분석을 하고 프로파일링 결과를 만들어서 수사팀에 제공해요.

"우리가 판단한 결과는 이겁니다. 이것부터 수사해 주세요."

그런데 선택은 형사가 해요. 우리의 조언이 필요 없다고 판단할 수도 있고 아니면 자신이 생각하지 못했던 부분에 대해 의미를 둘 수도 있죠. 즉 프로파일러 혼자 사건을 해결하는 게 아니라 주변 사람들과의 협업으로 사건을 풀어가요.

편 사건마다 다르겠지만 강력 사건 수사는 대략 어느 정도의 시간이 걸리는지 궁금해요.

고 사건이 발생하고 범인을 검거할 때까지 짧게는 하루에서 길게는 1년 넘게 걸리기도 해요. 이번에 화성 연쇄살인 사건은 30년이 지나서 해결되잖아요.

과학수사

골든타임이라는 말은 무슨 뜻인가요

편 골든타임이라는 말은 무슨 뜻인가요

고 사건이 발생한 날부터 1주일까지의 시간을 골든타임이라고 해요. 일주일을 고비로 해서 장기사건이 되느냐, 안 되느냐가 결정된다고 해도 과언이 아니에요. 왜냐하면, 요즘은 CCTV 수사가 가장 중요한데, 최근에 출시된 CCTV와 블랙박스는 대부분 고화질로 녹화되어 있어 제한된 저장 공간에서 저장 공간이 가득 차면 오래된 화면부터 자동으로 삭제되게 되어 있어요. 보통 1주일 간격이기 때문이에요.

사건이 발생하면 해당 경찰서의 형사들은 할 일이 너무 많아요. 강호순 사건 같은 연쇄살인 사건은 피해자와 참고인이 많기 때문에 통화 내역을 뽑으면 한두 건 나오는 게 아니라 몇만 건이 나오거든요.

예를 들어 피해자가 실종됐어요. 그 지역을 담당하는 기지국이 중첩해서 여러 개가 있어요. 통신 수사를 하려면 기지국에 있는 자료를 다 뽑아 와요. 그럼 몇십만 건이 되죠. 이 안에서 어떻게 수사를 할까 결정을 해야죠. "일단 전과자를 뽑자."라는 식으로 의미 있는 것들을 찾아서 확인해요. 그 작업이 하루 이상 걸려요. 한 사람이 할 수 있는 일이 아니기 때문에 모두 모여서 찾아내요. 형사들은 사건이 발생하면 일주일간은 집에 못 가요. 계속 수사하고 밤 10시에 회의하고 또 수사하고. 이렇게 해서 용의자가 누구라고 나오면 담당 팀이 움직이고 나머지 팀은 자기 위치로 돌아가요. 사건 발생 후 일주일은 이렇게 밤낮없이 수사하죠.

⬛ 잠을 거의 못 자겠어요.

⬛ 사건 용의자의 윤곽이 잡힐 때까지는 거의 잠을 못 자죠. 그나마 용의자가 좁혀져야 쪽잠이라도 잘 수 있어요. 골든타임이 일주일이라고는 하지만 수사회의 끝나면 교대로 쉬거나 숙직실에서 잠깐 눈만 붙이죠. 그래서 형사들은 팀워크가 좋아요.

⬛ 골든타임이 지나면 조금 쉬어도 되나요?

⬛ 일주일 동안 밤낮없이 일하면 수사 지휘부에서 쉬라고 권유해요. 선배들의 이야기를 들어보면 과거에는 정말 밤낮이 없었대요. 어제 근무하고 오늘 또 근무하고. 지금은 많이 좋아진 것 같아요. 지구대는 4교대 근무가 정착되어 있어요.

예전에는 24시간 당직근무를 했는데 하루 24시간을 연속해서 근무하는 국가가 OECD 중에 몇 개 나라밖에 없어요. 그래서 경찰도 이제는 24시간 연속근무를 안 하고 있어요. 주간이면 주간, 야간이면 18시~19시에 출근해서 다음 날 아침에 퇴근하는 식이죠. 물론 사건이 나면 정신이 없지만 평소에도 경찰 업무가 항상 힘들고 환경이 열악한 건 아니에요.

영국 과학수사장비 개발자 *Esther Neate*

최신 디지털 수사방식에 대해 알고 싶어요

편 인공지능이나 전자통신 기술의 발달로 수사기법도 많이 진화할 것 같아요. 최신 디지털 수사방식에 대해 알고 싶어요.

고 먼저 디지털 포렌식digital forensics에 대해서 알아야 해요. 디지털 포렌식은 디지털 저장 매체에서 증거를 복구하고 조사하는 법 과학의 한 분야에요. 쉽게 말해 범인이 삭제한 파일을 다시 복원하고, 컴퓨터로 무엇을 하였는지 확인하며, 이러한 결과를 문서로 만들어 쉽게 수사에 활용할 수 있도록 도움을 주는 거죠.

또한, 디지털 증거가 법원에서 증거로 받아들여지기 위해서는 일정한 절차를 엄격히 지켜야 해요. 법정에서 디지털 증거 수집의 절차와 과정까지 중시하기 때문에 디지털 포렌식을 법적 증거로 제출할 방법으로 내용을 수집하고 분석해야 하는데 그 전 과정을 통틀어서 디지털 포렌식 수사라고 합니다.

디지털포렌식수사

우리나라는 세계적으로도 손에 꼽히는 IT 강국입니다. 스마트폰, 태블릿 PC 등 각종 디지털기기 사용인구도 폭발적으로 늘어 사회 전체가 인터넷과 IT기기에 의해 움직이고 있다고도 볼 수 있어요. 범죄수사과정도 예외는 아닙니다. 과거에는 비리를 저지른 기업을 압수 수사할 때, 수십 여 명에 이르는 수사인력이 총출동하여 엄청난 양의 서류를 모두 가져와 일일이 파헤쳤어요. 뉴스나 드라마를 통해 종종 이런 장면을 본 일이 있을 겁니다.

하지만 이제 기업마다 주요 자료를 컴퓨터나 서버에 데이터로 저장해두기 때문에 서류뭉치와 같은 '아날로그 증거'가 아닌 컴퓨터나 서버에 남아 있는 데이터, 즉 '디지털 증거'를 확보하고 분석하는 일이 중요해졌답니다. 강도나 살인 등의 범죄현장에서 발견한 범인의 지문·머리카락·혈흔 등이 범죄사실을 입증하는 증거가 되는 것처럼, 이러한 디지털자료 역시 수사과정에서 중요한 과학적 증거로 쓰이기 때문이죠.

디지털포렌식수사관은 범죄수사의 단서가 되는 디지털자료를 확보·복구하며, 이를 분석해 법적 증거자료로 만드는 일을 합니다. 이들은 먼저 기업이나 개인의 컴퓨터 메모리, 하드디스크드라이브, USB 메모리, 서버 등 저장 매체에서 범죄의 단서가 될 만한 데이터를 압수해요. 이때 원본 그대로의 데이터를 변조 없이 '무결하게' 압수하는 것이 중요하며, 규모가 큰 기업의 경우 저장된 데이터의 양이 어마어마하므로 포렌식 전문도구를 이용하여 범죄 관련 데이터만 빠르게 검색해내야 합니다. 또한, 범죄자들은 대개 데이터를 악의적으로 숨기거나 변형·훼손하는 일이 많아요. 수사 대상이 되는 자료를 다른 파일로 위장하거나 암호를 걸어두는 등 일종의 조치를 취해 숨겨두거나 아예 삭제해 버리는 거죠.

삭제된 파일을 복구하거나 암호화된 파일을 해독하는 등 과학적인 분석기술로 이러한 데이터를 찾아내고 복구하는 것도 중요한 임무입니다.

가령 아동포르노 사진을 숨기기 위해 사진파일의 확장자인 JPG를 마치 한글 문서 파일인 것처럼 HWP로 바꾸어 놓으면, 이 사실을 모르는 사람은 아동포르노 사진의 존재 여부를 알 수 없게 되지만, 포렌식 전문도구로 분석하면 위장된 한글문서 파일이 사실은 아동포르노사진이었음을 밝힐 수 있게 되는 것이죠. 디지털 자료를 확보한 이후에는 디지털포렌식수사관의 철저한 분석을 통해 자료가 법적 증거로서 효력이 있는지, 범죄자의 혐의를 입증할 수 있는지를 파악해야 합니다. 또한, 자료가 증거로서의 생명력을 잃지 않도록 유지하고, 보관·인계하는 전 과정을 살펴야 해요.

출처: 고용정보원

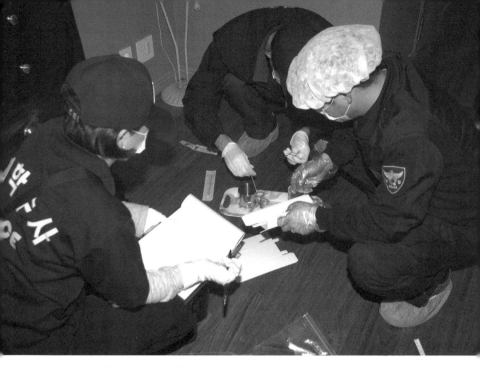

유전자 분석을 위한
DNA 시료 채취

6. #능력과 적성 　　　　　　　　　🔍

필요한 능력을 알려 주세요

편 프로파일러에게 필요한 능력을 알려 주세요.

고 아무래도 범죄자의 심리와 범죄 계획, 흐름에 대한 통찰력을 갖고 있어야겠죠. 브렌트 터비^{Brent E. Turvey}의 「유능한 프로파일러의 요건」이라는 글이 있어요.

01 분석적 사고능력(critical thinking)이 필요하다

범죄 프로파일러들은 강하고 잘 연마된 비판적 사고 능력을 가지고 있어야 하며, 객관적이고 규칙적으로 사건들에 다가가야만 한다. 그들은 세부사항에 대한 열정을 가지고 있어야 하고 모든 가정들에 기꺼이 의문을 제기해야만 하며 모든 문제들을 확인하기 위해서는 법의학적 지식과 범죄수사를 이해할 수 있어야 한다.

02 자기 자신에 대하여 명확히 알고 있어야 한다

자신에 대한 명확한 이해는 자신의 욕구, 취향, 희망, 도덕 등을 구별할 줄 안다는 것이다. 이는 직면한 사건에서 범죄자의 욕구, 취향, 희망, 도덕 등을 더욱 명백히 인식하는데 영향을 준다. 즉 프로파일러 자신이 자신에 대한 이해가 부족할 경우 직면한 범죄자에 대한 이해와 판단을 그르칠 수 있으며, 자신의 경험과 감정을 범죄자나 피해자에게 전이시키는 부작용을 낳을 수 있다.

03 적당한 연령에서 나오는 생활경험이 필요하다

나이가 많다고 반드시 현명한 것은 아니지만, 생활하면서 얻은 지혜와 특별한 안목은 무시할 수 없다. 그러나 한편 프로파일러는 다양한 경험 보다는 범죄 프로파일링과 관련된 경험이 우선적으로 중요시되며, 경험에서 얻은 식견을 사건에 대한 추론과 판단에 활용할 수 있는 능력도 함께 필요하다.

04 직감(intuition)에 대한 적절한 통제가 요구된다

특정한 삶의 경험의 축적은 반드시 직감을 이끌어낸다. 직감이란 특정한 이유, 합리적, 또는 명료한 과정을 거치지 않고

도 알거나 믿는 것을 말한다. 만약, 우리가 믿는 또는 단지 알고 있는 어떤 것을 가지고 있다면, 그리고 우리가 그 뒤에 있는 것을 합리적으로 설명하는 것이 불가능하다면, 직관은 범죄자이다. 직감과 직관적 본능은 선입견, 편견, 정형화, 그리고 축적된 무지의 연장선상일 수 있다. 그것들은 심각하게 수사 전략에 피해를 줄 수 있다. 따라서 직감을 합리적으로 명확하게 증명할 수 있지 않다면, 수사 전략, 제안 혹은 최종 프로파일에서 제외되어야만 한다.

05 편견(bias)에서 벗어나야 한다

수사과정에서 범죄 프로파일러는 항상 개관적으로 사건과 관련된 정보들을 바라보아야 한다. 주어진 정보는 잠재의식적으로 프로파일러로 하여금 편견을 갖게 할 수 있고, 편견에 따른 용의자 프로파일을 야기할 수도 있다.

예를 들어, 살인사건의 용의자는 이웃, 배우자, 친척 등 시체를 발견한 사람일 수 있다. 특히 피해자 주변에 대하여 수집한 정보를 통하여 이들에 대한 선입감이나 편견이 더 강화될 수 있다. 따라서 범죄 프로파일러는 좀 더 객관적으로 얻어진 정보를 활용하고, 연역적 추론의 기술을 세련되게 하는 등의 방법을 통하여 용의자 프로파일을 만들어야 한다.

06 범죄자에 대한 도덕적 평가에서 벗어나야 한다

이는 프로파일러가 최종적인 프로파일을 제시하면서 범죄자에 대하여 정신이상자, 미치광이, 쓰레기 같은 사람, 아무짝에도 쓸모없는 사람, 부도덕한 사람 등 프로파일러 자신의 도덕적 감정을 담아 추정해서는 안 된다는 것이다. 개인적인 감정들은 범죄 프로파일에서는 용납되지 않는다. 범죄자의 성격적 특징을 설명할 때 가능한 형용사들은 사용하지 않거나 최소화하는 훈련이 필요하다.

07 개방적 사고를 가져야 한다

개방적인 사고가 비판적인 사고와 상충하는 것은 아니다. 이는 선입견이나 편견, 혹은 연역적 이론들에 의해 영향 받지 않는 것을 의미한다. 또한 모든 가능성을 고려하고 아무것도 예단하지 않는 것을 의미한다.

08 범죄자적 사고(thinking like a criminal)를 할 수 있어야 한다

이는 프로파일러는 특정사건에 따라 해당 범죄자의 지식의 수준과 사용가능한 범죄자의 기술을 이해하려고 노력해야 하는 것을 말한다. 모든 범죄자는 완전하게 서로 다르다는 것을 전제하고, 다른 특정한 욕구, 경험, 그리고 관념들에 의하여 자극을 받고 범죄를 행한다는 것을 인정해야 한다.

따라서 프로파일러는 모든 행동증거를 시험하고, 각각의 행동에 의해 만족된 욕구들을 이해하려고 노력하여야 한다. 하나의 행동으로 범죄자를 추정할 수 없으며, 행동의 연속성과 패턴을 이해함으로써 비로소 유용한 프로파일을 제시할 수 있다.

출처: 브렌트 터비(Brent E. Turvey) 「유능한 프로파일러의 요건」

어떤 사람이 적합할까요

편 '이런 사람들이 프로파일러를 해야 하지 않나? 이런 사람들이 들어오면 좋을 텐데.'라고 생각하신 게 있을 것 같아요. 어떤 사람들이 적합할까요?

고 일단은 심리학적인 지식을 갖춰야 해요. 그리고 반드시 끈기가 있어야 하죠. 사건을 오랫동안 수사하다가 나중에 해결되고 되돌아보면 사실 아무것도 아닐 때가 많거든요. 그런데 결과를 알지 못하는 상황에서는 모든 게 불명확하죠. 그것을 풀어 가려는 끈기가 필요한 것 같아요.

끈기 있는 친구들은 실패를 통해서 무언가를 다시 찾아 뛰어넘는데 대부분의 친구는 한 번 두 번 실패하면 거기에서 끝내거든요. 저는 개인적으로 지능이 뛰어난 친구들은 끈기도 있다고 생각해요. 사건을 해결하기 위한 기본자세로 사건에 대해 깊은 문제의식을 느끼고 진실을 발견하기 위해 끈기 있게 노력하는 근성이 정말 중요해요.

그리고 프로파일러에게 가장 중요한 건 정의감이에요. 사건이 미궁에 빠져 해결의 실마리가 보이지 않을 때 아무리 끈기를 강조해도 누구나 포기를 생각하죠. 이 갈래에 섰을 때

나를 버티게 하는 힘은 정의감이에요. 범죄가 발생했을 때 범죄자를 찾아 검거하여 반드시 법의 심판을 받게 하겠다는 의지, 그렇게 사회정의를 실현하고 우리 아이들을 위해 좋은 사회를 만들어 가겠다는 정의로운 마음이 프로파일러에게 중요합니다.

마지막으로 과학수사요원, 형사와 협력을 통해 분석 결과를 정교하게 다듬는 일이 수사의 성패를 결정하기 때문에 의사소통 능력과 포용력도 중요합니다.

프로파일러에 적합하지 않은 사람은 누구일까요

편 이런 사람은 이 일이 맞지 않다고 느끼신 적도 많을 것 같아요. 프로파일러에 적합하지 않은 사람은 누구일까요?

고 철학자 프리드리히 니체^{F. Nietzsche}는 1886년 그의 저서 『선악의 저편: 미래 철학의 전주곡』에서 "괴물과 싸우는 사람은 그 과정에서 자신마저 괴물이 되지 않도록 주의해야 한다. 그리고 그대가 오랫동안 괴물의 심연을 들여다보고 있으면, 그 심연 역시 우리 안으로 들어와 우리를 들여다본다. (선악의 저편, 146절)"라고 말했어요. 프로파일러는 일반적인 사람들이 상상하기 어려운 인간의 잔혹하고 어두운 면을 자주 들여다보기 때문에 심리적으로 황폐해지기 쉬워요.

그래서 저는 자기 자신을 잘 다스릴 수 있는 마음의 힘이 강한 사람이 프로파일러 업무를 잘 할 거라고 생각해요. 반대로 마음이 약하거나 자신의 감정을 조절하지 못하는 사람은 이 일이 맞지 않을 수도 있습니다.

잘하는 운동이 있어야 하나요

🔲 선생님은 학창 시절에 합기도 운동을 하셨는데 중, 고등학교 시절에 운동하는 게 도움이 되나요?

🔲 저는 초등학교 때부터 운동했다가 중학교 때 가정환경의 변화로 힘든 일을 겪었어요. 중학교 3학년 때 운동을 다시 시작했고요. 운동한다고 해서 갑자기 어떤 변화가 생기지는 않지만 그런 것들이 쌓이면서 자신감을 느끼고 고등학생 때는 원래의 저 자신을 찾을 수 있었어요. 운동을 통해 자기 신체를 활용하면서 힘들어도 해내는 훈련이 이 직업을 수행하는 데에 도움이 됩니다. 운동은 협동심과 포용력을 기르는 데도 큰 도움이 된다고 생각해요.

직관력은 타고나는 거 아닌가요

편 지성이나 끈기는 이렇게 노력하면 되는데요. 프로파일러의 직관력은 선천적으로 타고나는 거 아닌가요?

고 물론 어느 정도 타고나면 좋겠죠. 그렇지만 직관력은 사회 현상에 대한 깊은 관심이나 독서를 통해 충분히 기를 수 있다고 생각해요. 우리 주위에 있는 것들을 제대로 알아가는 지식 훈련이 중요해요. 직관이라는 건 지식과 경험을 토대로 나타나니까요.

저는 외로운 중학생 시절을 보내면서 저 자신을 깨려고 여러 가지 노력을 했어요. 여러 사람과 함께 있을 때 그 상황을 관통하는 무언의 분위기를 빨리 파악해서 대처하려고 했죠. 그런 고민과 독서 등의 노력으로 직관력을 갖게 된 것 같아요. 그런 노력이 있었기에 프로파일러가 되고 나서는 범죄자에 대해 빠르게 파악하고 범죄 사실을 알아내는 대화도 잘 이끌 수 있었죠. 범죄자를 직관적이고 논리적으로 파악해서 본질적인 범행 동기를 제대로 알아내기 위해서는 직관력을 갖기 위한 노력이 중요합니다.

7. #직업의 매력과 전망

프로파일러의
가장 큰 매력은 무엇일까요

편 사람들은 셜록 같은 천재 프로파일러가 나타나서 범죄에 대한 우리들의 공포를 없애주면 좋겠다는 바람이 있는 것 같아요. 이 책을 읽는 청소년 중에서 뛰어난 프로파일러가 반드시 나올 거라고 확신합니다. 프로파일러 직업의 가장 큰 매력은 무엇일까요?

고 프로파일러 직업에 대해 셜록과 같은 드라마나 영화 등 여러 매체에서 멋있게 그리잖아요. 멋있게 그려지는 직업을 내가 갖고 있다는 것도 매력 중에 하나죠. 특히 적성에 맞고 흥미를 느끼는 친구들은 이 일에 대해 큰 보람을 느낄 수 있어요. 특히 피해자와 유가족을 위해 무언가를 해 줄 수 있다는 게 가장 큰 보람인 것 같아요. 프로파일러의 외형적인 면만 동경해서 이 직업을 갖는다면 오래가기 어려워요. 사실 경찰관이라는 직업은 내가 누군가를 위해 봉사한다는 사명감과 자부심이 있어야 해요. 경찰관은 보이지 않는 그늘에서 사람들의 생명을 지키고 범죄를 예방하는 일을 해요. 내가 지금 하는 일이 수십만, 아니 수백만의 생명을 지키는 고귀한 일

이라고 자각하면 그 어떤 일보다 삶의 보람을 이 직업을 통해
찾을 수 있어요.

성취감을 느끼는 순간은 언제인가요

편 직업을 갖고 그 일을 할 때 사람들은 성취감을 느껴요. 그런데 프로파일러의 일은 끝이 없을 것 같아요. 범죄 없는 세상이 올 것 같지는 않거든요. 닥치는 대로 해결하는 거잖아요. 내가 무언가를 계획해서 성취하는 일이 아님에도 불구하고 가장 큰 성취감을 느끼는 순간은 언제인가요?

고 사건을 해결하는 데 결정적인 역할을 해서 결과 보고서를 작성하고 수사본부에서 인정을 받으면 나름대로 성취감을 느껴요. 실제로 함께 수사했던 형사가 고마움을 표시할 때 기쁘기도 하고요. 때로는 답이 안 보이는 사건에서 내가 아무것도 할 수 없다는 절망도 느끼죠. 내 능력이 이것밖에 안 되나 무력감도 생기고요.

프로파일러가 퍼즐을 맞추듯 현장에 남겨진 단서들을 통해 범인을 검거하고 사건의 경위가 밝혀지면 무척 보람을 느끼는 일이지만, 사실 프로파일로서 중요하게 바라보는 건 범죄와 맞물린 우리 사회의 복잡한 현상이에요.

과거에 발생하지 않았던 끔찍한 사건들이 최근에 일어나요. 진주 방화범 사건 등은 이상동기 범죄로 설명할 수 있는 정신질환자의 문제 또는 소외당하는 은둔자의 문제예요. 이런 복잡한 사회현상과 맞물려 발생하는 이상동기 범죄를 프로파일러가 해결하기 위해 앞장서서 노력하고 있다는 생각이 들 때 가장 큰 보람을 느껴요.

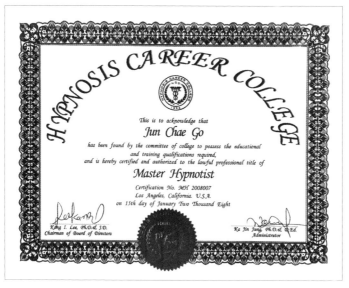

미국 최면대학 최면전문가 자격증

복잡한 우리 사회, 이 직업의 전망은 어떤가요

편 프로파일러 특채가 별로 없어서 아쉬워요. 이 직업에 종사하는 사람들이 많아질까요?

고 이 직업이 사라지진 않을 거예요. 프로파일러가 할 일이 훨씬 더 많아질 거로 생각해요. 앞으로 연쇄적인 범죄는 더 발생하지 않을 거예요. 왜냐하면, CCTV가 정말 많이 생겼거든요. 아마 각각의 도시에 하나의 위성을 띄울 수 있는 날이 올 거예요. 어느 한 동네 가로등에 CCTV가 있는 게 아니라 조그마한 드론이 위성처럼 CCTV가 동작을 감지해서 특정한 부분을 집중적으로 찍는 거죠. 과학기술이 엄청나게 발전하기 때문에 같은 범죄를 두 번 하기는 쉽지 않을 것 같아요.

실제로 2009년 이후에 CCTV 기술이 크게 발전했는데, 그로 인해 범인들도 잘 잡히고, 범죄 횟수도 줄고 있어요. 그래서 최근에는 복잡한 사건이 발생하면 화성 연쇄살인 사건처럼 발전할까 봐 걱정하기보다는 범죄자의 내면에 대한 이해로 들어가야 해요. 이 부분이 프로파일러의 역할입니다. 더욱 중요해지고 있어요.

그리고 범죄자의 복잡한 범행 동기를 체계적으로 정리해

서 자료화하는 프로파일러의 업무도 주목을 받고 있어요. 예전에 일어난 사패산 살인사건, 강남역 묻지 마 식 살인사건을 보세요. 이 사람에게 정신질환이 있는지, 실질적인 범행 동기가 무엇인지는 경험이 많은 수사관들이 다 알 수 있어요. 그런데 수사관들은 자신이 알고 있는 것을 지식과 논리를 동원해 체계적으로 정리해서 자료화하는 게 쉽지 않죠. 그들의 전문 분야가 아니니까요. 지금 그 역할을 프로파일러가 하고 있어요.

지리적 프로파일링 시스템에 매일 범죄지수가 나와요. 기상도처럼 등고선으로 표시되죠. 이 범죄지수를 통계청의 여러 자료 그리고 주민 자료와 함께 연동시켜서 오늘 어디에서 어떤 범죄가 발생할 확률이 몇 퍼센트가 될 것인지 예측해요. 지금은 내부적으로 하고 있지만, 앞으로는 뉴스에서 일기예보 하듯이 범죄예보를 하면 좋을 것 같아요. 이 일도 프로파일러의 업무에요.

범죄자에게 심리학적으로 접근해서 범행 동기를 밝히는 사람도 프로파일러에요. 자백하지 않는 범죄자의 심문과 면담을 담당하죠. 영화에서 형사가 범죄자를 앞에 두고 "당신은 누구입니까?"라고 질문하면서 컴퓨터 자판을 두드리잖아요.

피의자 심문조서라고 하는데 지금은 이게 없어지는 추세예요. 범죄자와 대화를 하고 피의자 심문 과정을 진술 녹화 하는 식으로 바뀌고 있죠. 이제는 이런 면담기법의 프로파일링 쪽으로 더 발전하지 않을까 싶어요.

지문 채취
CCTV 영상 분석

프로파일러의 월급은 얼마예요

편 프로파일러의 월급은 얼마예요?

고 프로파일러도 경찰공무원이기 때문에 급여는 경찰공무원 보수 규정에 따라 똑같이 적용돼요.
(인사혁신처 www.mpm.go.kr/mpm/info/resultPay 뒷페이지 표)

편 받은 급여 중에서 제일 많은 금액과 제일 낮은 금액은 얼마인가요?

고 중간에 보수 체계가 바뀌어서 계산을 해봐야 하지만, 약 400만 원에서 500만 원 정도였어요. 경찰공무원의 초봉 급여는 대기업의 80% 정도 수준이라고 보도된 자료가 있어요. 경찰공무원 보수 규정에 의해서 직급과 호봉에 따라 보수가 점점 많아지죠.

편 외국도 비슷한가요?

고 외국은 환율과 물가상승을 적용해서 훨씬 더 많은 금액을 지급하는 걸로 알고 있어요. 그리고 외국에서는 경찰관 연봉이 높다고 합니다.

경찰공무원·소방공무원 및 의무경찰 등의 봉급표

(월지급액, 단위: 원)

계급 호봉	치안정감 소방정감	치안감 소방감	경무관 소방준감	총경 소방정	경정 소방령	경감 소방경	경위 소방위	경사 소방장	경장 소방교	순경 소방사
1	4,081,400	3,674,300	3,314,900	2,976,500	2,676,500	2,312,100	2,065,700	1,914,700	1,738,700	1,642,800
2	4,224,500	3,810,600	3,437,600	3,092,600	2,779,200	2,411,400	2,163,100	2,000,400	1,820,100	1,688,000
3	4,371,200	3,948,700	3,563,900	3,210,500	2,885,700	2,512,800	2,261,700	2,091,200	1,906,000	1,769,000
4	4,521,200	4,088,200	3,691,100	3,331,100	2,996,400	2,617,200	2,363,000	2,186,600	1,993,600	1,854,800
5	4,674,800	4,229,500	3,820,400	3,453,500	3,109,900	2,723,200	2,466,800	2,285,400	2,084,700	1,941,500
6	4,830,300	4,371,100	3,951,000	3,576,900	3,225,800	2,831,900	2,571,700	2,386,600	2,178,000	2,030,000
7	4,988,100	4,514,500	4,083,000	3,701,600	3,343,500	2,942,800	2,677,600	2,488,500	2,271,700	2,114,800
8	5,147,300	4,657,800	4,215,500	3,826,800	3,462,700	3,054,900	2,783,500	2,591,000	2,361,600	2,196,500
9	5,308,700	4,802,000	4,349,100	3,952,500	3,582,200	3,167,800	2,890,000	2,688,500	2,447,500	2,274,800
10	5,470,900	4,946,100	4,482,600	4,077,900	3,702,600	3,273,400	2,990,600	2,781,600	2,528,600	2,350,000
11	5,633,000	5,091,000	4,616,200	4,204,600	3,815,000	3,373,400	3,085,000	2,869,400	2,607,300	2,421,900
12	5,800,400	5,240,700	4,754,800	4,323,700	3,923,500	3,470,700	3,177,900	2,955,700	2,684,200	2,493,100
13	5,968,800	5,391,400	4,883,600	4,435,200	4,026,500	3,562,700	3,266,200	3,037,600	2,758,000	2,561,600
14	6,137,600	5,527,700	5,003,200	4,539,200	4,122,500	3,650,500	3,349,200	3,115,900	2,828,500	2,628,000
15	6,285,100	5,653,600	5,113,300	4,637,100	4,213,200	3,732,900	3,429,200	3,190,600	2,896,300	2,691,500
16	6,416,100	5,768,800	5,216,100	4,729,400	4,298,500	3,812,100	3,504,000	3,261,400	2,961,700	2,752,900
17	6,532,300	5,874,900	5,311,600	4,815,300	4,378,800	3,885,600	3,575,700	3,329,300	3,022,800	2,813,100
18	6,635,800	5,971,800	5,400,300	4,895,300	4,454,600	3,956,400	3,643,400	3,394,300	3,082,100	2,869,000
19	6,728,400	6,061,500	5,482,400	4,970,200	4,526,000	4,022,700	3,707,800	3,455,400	3,138,900	2,924,000
20	6,811,500	6,143,200	5,559,300	5,040,100	4,592,900	4,085,600	3,768,900	3,513,700	3,193,200	2,976,400
21	6,888,000	6,217,900	5,630,400	5,105,500	4,655,900	4,144,800	3,827,100	3,569,300	3,245,000	3,025,700
22	6,956,100	6,286,500	5,696,400	5,166,800	4,715,000	4,202,100	3,882,100	3,621,800	3,294,700	3,073,300
23	7,013,700	6,349,200	5,757,200	5,224,300	4,770,900	4,254,600	3,934,000	3,672,500	3,342,000	3,118,500
24		6,400,500	5,814,000	5,278,500	4,823,000	4,305,400	3,983,900	3,720,700	3,387,700	3,162,000
25		6,449,500	5,860,700	5,328,100	4,872,400	4,353,100	4,031,500	3,766,300	3,431,000	3,203,300
26			5,905,200	5,370,100	4,918,900	4,398,300	4,075,000	3,810,100	3,473,100	3,240,800
27			5,946,500	5,408,900	4,957,400	4,440,700	4,112,200	3,847,100	3,508,100	3,273,000
28				5,445,900	4,994,400	4,476,900	4,148,200	3,881,500	3,541,800	3,304,000
29					5,028,400	4,510,500	4,182,000	3,914,900	3,573,700	3,334,000
30					5,061,500	4,543,500	4,214,100	3,946,700	3,604,600	3,363,200
31						4,573,900	4,244,500	3,976,600	3,634,600	3,391,700
32						4,602,900				

〈비고〉 1. 경찰대학생: 1학년 621,600원, 2학년 658,400원, 3학년 694,200원, 4학년 788,700원
2. 경찰간부후보생 및 소방간부후보생: 임용예정 계급의 1호봉에 해당하는 봉급의 80퍼센트에 상당하는 금액
3. 의무소방원: 특방은 지원에 의하지 않고 임용된 하사 봉급 상당액, 수방은 병장 봉급 상당액, 상방은 상등병 봉급 상당액, 일방은 일등병 봉급 상당액, 이방은 이등병 봉급 상당액
4. 의무경찰: 특경은 지원에 의하지 않고 임용된 하사 봉급 상당액, 수경은 병장 봉급 상당액, 상경은 상등병 봉급상당액, 일경은 일등병 봉급 상당액, 이경은 이등병 봉급 상당액
   다만, 「공무원 보수규정」 부칙 제5조에 따라, 치안감 또는 소방감 이상 공무원에 대해서는 2020년도에 한해 별도의 봉급표를 적용한다.

성과급과 페널티 체계가 있나요

[편] 프로파일러로 일을 하다 보면 맞는 예측도 있고 틀린 예측도 있잖아요. 성과급과 벌칙 체계가 있나요?

[고] 프로파일링은 여러 가지 분석 결과를 토대로 먼저 이루어져야 하는 수사에 대해 언급하기 때문에 그것이 틀렸다고 해서 당장 불이익을 받지는 않아요. 다만 프로파일러도 해당 지방청 소속의 팀장 평가는 받죠. 사건을 해결했다고 다 좋게 나오고 해결 못 했다고 다 나쁘게 나오는 건 아니에요. 물론 중요한 사건이 잘 해결되면 인사 고과도 좋게 받겠죠.

[편] 전문가 그룹과 일반 경찰공무원이 똑같은 인사평가를 받는다는 건 이해가 안 돼요.

[고] 프로파일러들이 각 지방청으로 흩어져서 활동하는 것에 대한 문제점이 많이 제기돼요. 내부적으로 프로파일러를 교육기관이나 본청에 모아서 한 팀으로 활동해야 한다는 의견이 계속 나오고, 현재까지도 그 협의가 진행 중이죠.

이직 또는 전직 가능한 분야가 있나요

편 이직 또는 전직 가능한 분야가 있나요?

고 법무부 검찰청, 교정청 등에서 범죄행동분석 및 심리검사 관련 경력직 채용 기회가 있어요. 실무경험을 토대로 대학교 교수로도 초빙될 수 있고요. 앞으로 민간조사업 관련 법안이 통과된다면 사설탐정으로도 활동할 수 있어요.

편 이제 100세 시대라고 하잖아요. 프로파일러가 평생 할 수 있는 직업인가요?

고 경찰공무원 정년이 60세예요. 앞으로 정년이 늘어날 거라고 예상하죠. 프로파일러의 분야도 다양해서 진술 분석이나 거짓말 탐지기 검사 등의 분야에서 실력을 키워 간다면 정년 이후에도 계속 일을 할 수 있을 거예요.

자녀에게 이 일을 권유하고 싶으신가요

편 선생님의 자녀가 프로파일러를 하겠다면 어떤 지원을 해 주실 건가요?

고 저는 호빈, 유빈, 로빈 삼 형제의 아빠입니다. 호빈이는 여행을 많이 다녀서 그런지 항공사 또는 공항에서 생활하는 직업을 갖고 싶어 해요. 둘째 유빈이는 어렸을 때 경찰관이 되겠다며 제게 권총과 경찰차를 잘 챙겨놓으라고 말해서 크게 웃었던 기억이 나네요. 매일 꿈이 바뀌기 때문에 어떤 것도 강요하지는 않아요. 다만 가장 중요한 건 자신이 가장 잘하고 좋아하는 일을 해야 인생이 행복하다는 거죠. 우리 아이들도, 이 책을 읽는 청소년 여러분도 자신의 재능을 가장 잘 발휘할 수 있는 일을 직업으로 선택해서 인생을 행복하게 보냈으면 하는 바람입니다.

만약 3형제 중에 프로파일러가 되겠다는 아이가 있다면 심리학과에 진학할 수 있도록 지도할 거예요. 왜냐하면, 프로파일러 자격요건 첫 번째가 심리학 전공이니까요. 그 후 프로파일러가 되는 것, 전공과 다른 직업을 갖는 것, 대학원 진학 또는 유학 등 공부를 하는 것은 전적으로 본인의 선택에 맡길 생각입니다.

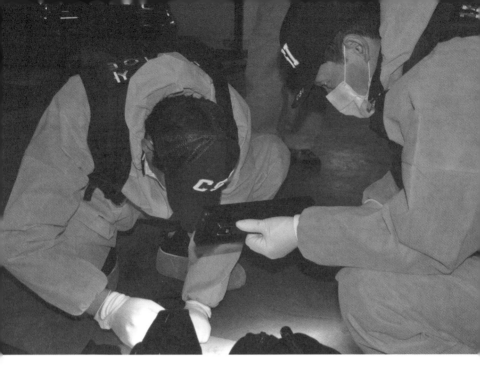

범죄에 사용된 차량에서
증거물을 채취하고 있다.

8. #CSI, FBI, 셜록 🔍

〈셜록〉 보셨나요

편 〈셜록〉 보셨나요?

고 2010년에 시즌 1을 방영하고 시즌 4까지 나온 것 같아요. 물론 봤죠. 어떤 부분은 공감도 하고 부럽기도 했어요. 그런데 제 생각에 셜록 홈스의 수사는 개인의 천재성에 의해서 풀어가는 거잖아요. 현실에서는 불가능하죠. 사실 저는 셜록 홈스의 수사가 재미있거나 신선하지 않았죠. 가족들은 드라마를 보면서 탄성을 지르더라고요. 그런데 프로파일러 입장에서는 늘 내가 하는 업무고 워낙 잘 아는 분야여서 그런지 현실성이 떨어지는 것 같아서 남들처럼 감동하지 않았어요.

편 〈셜록〉의 수사와 추리 과정이 현실에서 가능한가요?

고 수사과정이 사실적이긴 하지만 셜록이라는 캐릭터는 천재라고 생각해요. 드라마 〈시그널〉의 이제훈 프로파일러는 과거의 형사가 도움을 주었고 그 사람과 이어주는 무전기가 있었죠. 저는 오히려 드라마 〈시그널〉 속에 나오는 무전기가 갖고 싶었어요.

편 외국 드라마에서 프로파일러를 많이 다루다 보니까 그들이 굉장히 앞서간다는 일종의 환상이 있는 걸까요?

고 얼마 전에 FBI에서 범죄자와 관련한 면담기법 연구를 했어요. 어쨌든 이 분야에서는 FBI가 가장 앞서가죠. 그게 60억짜리 정부 지원을 받은 연구였어요. 그런데 그렇게 큰 예산을 들여서 하는 연구나 우리가 머리를 맞대고 연구하는 방식이나 결과가 크게 다르진 않은 것 같아요. 캐나다, 영국, 미국의 프로파일러와 1년에 한 번씩 만나는 경찰청 주최의 국제 콘퍼런스가 있어요. 외국의 프로파일러가 훨씬 뛰어날 것 같지만, 실제로는 우리와 거의 비슷한 것 같아요. 단지 외국이 좀 더 체계화되어 있고 시각적으로 크게 보인다는 거죠. 우리의 현실에 셜록 같은 천재는 없는 것 같아요.

CSI와 FBI의 차이는 무엇인가요

📧 외국 드라마, 영화를 보면 자주 나오는 이름인데요. CSI 와 FBI의 차이는 무엇인가요?

🔲 CSI는 Crime Scene Investigation의 앞 글자로 범죄 현장 수사를 의미해요. 미국 드라마 〈CSI〉가 많이 알려져서 그런 지 일반적으로 과학수사의 대표로 자리매김하고 있어요. 우 리나라는 KCSI로 표현하고 있어요.

FBI는 미국연방수사국(聯邦搜査局, Federal Bureau of Investigation, FBI)이에요. 미국 법무부 산하의 수사 기관이자 정보기관으로, 범죄 수사와 미국 내의 정보 수집 업무를 담당 하고 있어요. 프로파일러와 관련해서 보면 FBI는 1970년대에 세계 최초로 범죄행동분석팀을 만들었어요. 우리나라는 프 로파일러가 과학수사대에서 근무하기 때문에 프로파일러와 CSI, FBI는 연관성이 많아요.

우리나라 프로파일러가 외국에서
활동한 사례가 있을까요

편 우리나라 프로파일러가 외국에서 활동한 사례가 있을까요?

고 2019년 6월경에 유명한 여행 칼럼니스트가 필리핀에서 총에 맞아 숨진 채 발견된 사건이 있었어요. 필리핀 경찰은 사건 소식을 한국 경찰에 알렸고 경찰청은 그날 바로 국제범죄 담당 형사와 과학수사요원, 프로파일러로 구성된 공동조사팀을 필리핀에 보냈어요. 현지 경찰과 함께 사망 사건의 용의자를 추적하는 수사를 했죠.

외국에서 우리나라 사람과 관련한 범죄가 발생했을 때 프로파일러가 출동하는 사례가 점점 늘어나는 추세에요.

추천하고 싶은 영화나 드라마, 책이 있나요

편 프로파일러가 되고 싶은 학생들을 위해서 추천하고 싶은 영화나 드라마, 책이 있나요?

고 첫 번째는 영화 〈양들의 침묵〉이에요. 지금도 보고 또 보죠. 저에게는 가장 크게 와 닿았던 영화였어요. 앞에서 이야기 한 『살인자들과의 인터뷰』라는 책도 있어요. 드라마 〈시그널〉, 미국 드라마 〈크리미널 마인드〉도 추천합니다.

사실 그동안 국내 작품 중에는 프로파일러를 비중 있게 다뤄서 흥행에 성공한 경우가 없었어요. 그런데 드라마 〈시그널〉은 프로파일러의 세계를 실감 나게 다루면서 재미도 있더라고요. 제가 교육부 직업능력개발원에서 아이들 멘토로 활동할 때 아이들이 〈시그널〉에 대한 질문을 많이 했어요. 저는 그 당시에 집에 케이블TV가 없어서 드라마를 못 봤는데 내용을 모르니까 학생들과 대화가 잘 안 되었죠. 그래서 아이와 컴퓨터로 내려받아서 한꺼번에 봤어요. 국내 작품 중에서는 제일 인상 깊게 본 것 같아요.

교육부 멘토

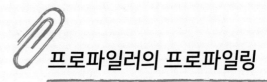

프로파일러의 프로파일링

사건명: 한강대교 실종사건

사건명:

한강대교 실종사건

개요

11월 초 어느 날, 자정을 넘긴 시간.
40대 중반의 남성이 차를 운전하다 한강 다리 위에서 콘크리트 보호벽을 들이받는다.
차는 그대로 몇 백 미터를 더 돌진한 후에야 멈춰 선다.

경찰은 사고 접수를 받고 현장에 출동했다.
그런데 사고 당사자인 운전자는 보이지 않는다.
가족들도 계속 연락을 하지만 연결이 안 된다.

운전자는 이대로 실종되었다. 어디로 사라졌을까?

일과 가족밖에 모른다는 성실한 가장이 사고를 내고 도망쳤을까?
막 사업을 시작해 매출을 올리고 있는 그의 돈을 노리고 누군가 납치했을까?
아니면 아무도 알 수 없는 이유로 한강 다리에서 자살을 한 것일까?

그는 왜 사라졌을까?
왜?

현장 스케치

사건 현장으로 출동했다. 11월의 매서운 바람이 코트를 파고든다.
실종자를 애타게 기다리는 가족들의 마음처럼 한강변은 쓸쓸하기 짝이 없다.

실종자 정보

이름 홍길동   **나이** 만 45세   **직업** 자영업
특이사항 · 가족관계 및 대인관계에 특별한 문제없음
· 사람들과 어울리지 않고 속마음을 좀처럼 이야기하지 않음
· 철두철미하고 꼼꼼한 성격
· 1등이 아니면 아무 소용없다는 등 자신을 혹사하는 스타일

프로파일링

실종자는 사고 당일 정상 퇴근해서 사고 현장까지 자신의 차량을 직접 운전했
다. 귀가하던 중 알 수 없는 이유(졸음운전 추정)로 보호벽과 충돌하는 사고를
냈는데 누군가 그를 납치하기에는 장소가 부적절하다. 즉, 납치 가능성은 낮은
것으로 프로파일링 하였다.

상권 분석 전문가에 의하면 실종자가 개업한 마트 주변은 상권이 쇠퇴하여 적
자가 예상되는 곳으로 왜 그런 곳에 개업했는지 의아하다고 한다. 실종자는 꿈
을 안고 개업했으나 자신의 노력이 물거품 될 것 같아 절망을 느끼고 자살을 선
택할 수 있다. 실종 당일 어두운 표정으로 마트에서 퇴근하는 CCTV 속 모습과

도 충분히 부합하는 내용이다.

그러나 주변 사람들 진술에 의하면 마트 오픈 후 매출 실적은 예상보다 좋았고 실종자는 피곤해 보였지만 실적이 좋아 늘 밝은 표정이었다. 실종 당일에도 가족들에게 돈을 많이 벌어 맛있는 것도 먹고 여행도 가자고 했단다. 본사의 매출 분석 결과 실제 매출 실적도 좋은 편이다. 사업을 시작한지 일주일 밖에 되지 않았고 꿈에 그리던 자신의 매장을 개업한 상황에서 의도적으로 잠적하거나 자살을 한다는 것도 부적합하다는 결론을 내린다.

실종자가 개업 후 하루 20시간의 고된 일과로 수면이 부족했고 교통사고 충격 후 섬망(급작스런 외부 충격에 의해 일시적으로 나타나는 정신상태의 혼란)에 의한 집중력과 지각력 장애, 기억장애, 착각, 환각 등의 증상으로 현장을 이탈한 것으로 판단했다.

그렇다면 실종자는 어디로?

도로에서 벗어났거나 2차 교통사고를 당했다면 주변 거주민 또는 경찰 수색에 의해 발견되었을 것이다. 사고 발생 일주일간 발견되지 않은 것으로 보아 한강 실족 가능성이 높은 것으로 프로파일링 하였다. 법의학과 한강보고서에 의하면 익사한 시신이 바로 부상하는 경우는 20~30% 정도에 불과하다. 일반적으로 여름에는 2~3일, 겨울철에는 2개월까지도 소요된다. 실종 당일 날씨는 맑았고 최저기온 -2℃, 최고기온 6℃. 수온은 약 10℃여서 시신이 부상하기까지는 약 2주 이상 걸릴 것으로 예상되었다.

실종지점은 한강과 왕숙천이 합류하는 곳으로 한강하류부터 78km지점. 수심 3.4m, 평균 유속 0.05m/s이다. 한강에서 실족하였다면 천천히 하류로 떠

내려가다가 (팔당댐 방류량에 따라 수량 및 유속의 영향이 있지만) 겨울철에는 10km 떨어진 잠실수중보 강 주변에서 시신이 발견될 가능성이 높다고 프로파일링 하였다.

사건 해결

실종자는 이듬해 봄, 사고가 났던 한강 다리 남단 첫 번째 교각의 수면 위에서 발견되었다. 실종 당시 복장 그대로 지갑 속에 신분증과 현금, 신용카드가 있었고 시체에서도 특별한 외상은 발견되지 않았다. 프로파일링 결과와 같이 섬망에 의한 일시적인 정신착란으로 한강다리에서 실족하여 익사한 것으로 이 사건은 종결되었다.

프로파일링은 막연한 직감으로 하는 것이 아니다. 이번 사건에서 법의학적 지식과 한강 보고서를 활용한 것처럼 논리적인 분석과 다양한 학문, 지식들이 결합되었을 때 완벽한 프로파일링이 될 수 있다.

나도 프로파일러

Case Study_ 빈칸 넣기

아래 프로파일링 보고서의 빈칸을 채워보세요.

🔍 사건명: 여대생 살인사건

소나기가 내린 어느 여름밤, 도시의 주택가 주차장에서 여대생이 시체로 발견되었다.
근처 빌라에 살고 있던 여대생은 키도 크고 얼굴도 예뻐 인기가 많았다고 한다.
즉각 수사팀이 소집되어 수사가 시작되었다.

형사들은 가장 먼저 남자친구를 의심했다. 남자친구는 사건 당일 피해자와 수영장에서 데이트를 하고 지하철역에서 헤어졌다고 한다.

과거 알리바이 확인은 주변 사람들을 찾아가서 탐문수사를 하는 방식이었다면, 지금은 휴대폰 기지국 자료수사와 ⬚ , 차량용 블랙박스를 통해서 쉽고 빠르게 확인할 수 있다.

남자친구의 알리바이는 확인되었다. 수사팀은 주변의 ⬚ 를 확보하여 범행 장면을 확인할 수 있었다.

□ 속 범인은 여대생이 귀가하기 약 30분 전 현장에 도착해 주변을 서성였다. 담배를 피우거나 휴대폰을 만지작거리며 초조한 모습으로 길을 가는 행인들을 유심히 쳐다보고 있었다.

형사들은 용의자를 피해자의 옛 남자친구 또는 스토커일 거라고 추리하고 계속 수사를 했으나 사건 발생 일주일이 지나도록 용의자를 발견할 수 없었다. 피해자의 남자관계를 통해 사건을 해결할 수 없자 프로파일러에게 사건을 의뢰했다.

사건이 쉽게 해결되면 형사들은 프로파일러를 찾지 않는다. 사건이 어렵게 꼬이고 해결될 기미가 보이지 않을 때 도움을 요청한다. 이미 수사의 골든타임이 지났을 때 프로파일러의 수사는 시작된다.

피해자 정보

이름 김아름(가명)　　**나이** 만 20세　　**직업** 대학교 2학년 학생
특이사항 ・평범하고 모범적인 성격
　　　　　 ・방학기간 주말 아르바이트를 하고 있었음
　　　　　 ・술을 마시고 다니거나 밤늦게 귀가하는 일이 없었음

프로파일링

일단 피해자와 [____] 속 범인이 아는 사람인지 모르는 사람인지를 판단하는 것이 중요했다. 수사방향에는 크게 두 가지가 있는데 [____] 수사와 [____] 수사로 피해자와 범인의 관계에 따라 수사의 방법이 달라지기 때문이다. [____] 수사는 주로 피해자의 주변 인물 탐문을 활용하여 범행 동기를 찾는 것이 중요하고 [____] 수사는 현장 주변의 동종수법의 전과자 수사로 빠른 시간 안에 현장에 있었던 사람들의 자료를 확보하는 것이 중요하다.

의존할 것은 [____] 였다. 2009년 강호순 연쇄살인 사건을 계기로 전국적으로 확대 설치된 [____] 는 형사들에게는 사막의 오아시스와도 같은 것이었다. [____] 속 범인의 행동 하나하나를 분석하기 시작했다. 분 단위로 시간별 범인의 행동과 이동 동선, 그리고 피해자와 범인이 마주치는 찰나, 그들의 시선까지도 예측하여 프로파일링 하였다.

형사들은 범인이 피해자 주변 남자일 것이라고 굳게 믿고 있었는데 시간이 지나도 사건 해결의 실마리를 찾을 수 없었기 때문에 우리는 그 반대의 증거를 찾고자 노력했다.

[____] 속 범인은 피해자를 기다리기 보다는 개인적인 스트레스로 인해 어딘지 불안하고 초조한 행동을 보였다. 결정적으로 범인은 딱 한 번의 살해 시도만 하고 도주한다. 피해자는 곧바로 쓰러지지 않았고 약 20M를 걸어 집 앞까지 갔다. 대개 [____] 관계 살인사건에서는 피해

자와 범인이 알고 있는 관계이기 때문에 범인은 피해자를 완전 살해하려는 특징이 있다.

프로파일링 결과 범인은 피해자와는 모르는 사람으로 불특정 다수를 향해 개인의 분노를 표출하는 수동공격적 성격(직접 대상이 아니라 상대하기 쉽고 약한 대상에게 분노를 전이하는 행동)으로 전형적인 [   ] 범행으로 판단했다.

용의자 단서

우리가 갖고 있는 범인에 대한 정보는 흰색 셔츠를 입은 30~40대 남성으로 국내 S자동차를 운전했다는 것이다. 도로 방범용 [   ] 자료를 검색하여 위와 같은 조건의 사람을 찾으면 되는데 우리나라 대부분의 30~40대 회사원이 여름에는 밝은색 셔츠를 입고 국내 S자동차도 많이 탄다는 것이다.

사건 해결

형사는 [   ]를 수백 번 반복하여 보았고 승용차에서 단서를 찾아냈다. 도로 방범용 [   ]에서 먼저 밝은 색상의 셔츠를 입은 30~40대 국내 S자동차 운전자를 선별하였고 그 중에서 새로 찾은 단서로 범위를 좁혀 약 10만 건이 넘는 자료 중에 용의 차량을 찾을 수 있었다.

범인은 대출상담사로 실적이 저조하여 직장에서 해고 압박이 심했고 동생에 대한 열등감, 이혼 후 떨어져 살고 있는 딸에 대한 그리움, 자신이 이혼한 것을 모르는 여자 친구와의 관계에 대한 부담감 등으로 스트레스가 극에 달한 상황이었다. 범행 직전 해고 통보를 받아 같이 술 마시며 이야기할 대상을 찾았으나 아무도 없었고 여자 친구에게도 피곤하다는 이유로 거절당해 혼자라는 생각이 들어 자살을 결심했다고 한다.

그러나 자살할 용기가 생기지 않아 실행하지 못하고 있다가 마침 피해자와 눈이 마주치는 순간 자신을 불쌍하게 보고 있다는 느낌과 함께 '저 사람을 죽이면 나도 어쩔 수 없이 죽을 수 있겠구나'란 생각이 들어 자신도 모르게 피해자를 살해한 것이다.

〈정답: CCTV, 면식, 비면식〉

심리 Test

거짓말 심리분석
Kutcher 청소년 우울척도(KADS)

거짓말 심리분석

인간은 누구나 거짓말을 한다. 당신의 거짓말 타입 중 셀프모니터링에 대해 자신의 사고방식에 들어맞는다고 생각되는 문항 앞의 박스에 솔직하게 ✔해본다.

셀프모니터링

☐ 잘 모르는 화제라도 적당히 이야기할 수 있다.

☐ 정당한 이유가 있으면 정색한 표정으로 거짓말을 할 수 있다.

☐ 상대방에 따라 다른 사람처럼 행동하는 경우가 있다.

☐ 즐겁지 않은데도 즐거운 척 하는 경우가 있다.

☐ 관심을 끌기 위해 자신의 의견을 바꾸는 경우가 있다.

☐ 자신에게 기대하는 것을 알게 되면 그대로 한다.

☐ 상대방에 따라 자신의 인상을 바꿀 수 있다.

☐ 필요하다면 언제라도 붙임성 있게 대할 수 있다.

☐ 상대방의 눈을 보면 그 사람의 기분을 알 수 있다.

☐ 남의 감정이나 거짓말을 읽어내는 것이 장점이다.

셀프모니터링이란 배우가 무대에서 어떤 배역을 연기하는 듯이 인간관계라는 무대 위에서 자신의 언행을 컨트롤하는 것이다. 이 항목에서 체크한 것이 6개 이상이면 셀프모티터링 경향이 있다. 이 득점이 높은 사람은 자신을 유리하게 만드는 거짓말 연기가 능숙하다. 자신을 좋게 보이게 하기 위한 거짓말이 많지만, 계략을 꾸며서 상대방을 깎아내리려는 악의는 없다. 그런 의미에서는 자기 완결형의 거짓말쟁이라고 할 수 있다.

출처: 『거짓말 심리학』 시부야 쇼조, 2005 (휘닉스미디어)

Kutcher 청소년 우울척도(KADS)

최근 1주 동안, 아래에 나오는 항목들에 대해서 '평균적' 또는 '일반적으로' 어떠했나요?

0 – 거의 그렇지 않다   1 – 상당히 그렇다   2 – 대부분 그렇다   3 – 항상 그렇다

내용	점수
01 가라앉은 기분, 슬픔, 재미없거나, 우울하거나, 내키지 않거나	
02 무가치감, 절망감, 다른 사람의 기대를 저버린 느낌, 본인이 좋은 사람이 아는 것 같은 느낌	
03 피곤한 느낌, 기운 없음, 힘이 나지 않음, 일을 해결해야 하는 압박감, 쉬거나 눕고 싶다.	
04 인생이 별로 즐겁지 않다는 느낌, 평소(아프기 전) 같았다면 즐거웠을 일에 기분이 좋지 않다. 재밌는 일이 평소(아프기 전)와 같이 즐겁게 느껴지지 않는다.	
05 걱정스럽고, 초조하고, 전전긍긍하며, 긴장되고, 불안하다.	
06 자살 또는 자해에 관한 생각, 계획 또는 행동	

평가
0~5: 아마도 우울하지 않음   6 이상: 우울증의 가능성 있음

프로파일러 고준채 스토리

■ 어린 시절은 어떠셨어요?

■ 아버지는 농협에 근무하셨고 어머니는 평범한 가정주부 셨어요. 시골에서 성장했는데 자연환경이 아름다운 곳이었어요. 어렸을 때는 도시를 동경했죠. 그런데 어른이 되고 보니 어린 시절을 보낸 그곳이 정말 아름다웠다는 걸 알게 되었어요. 저는 공부와 운동을 다 잘했던 것 같아요. 특히 수영을 좋아했어요. 공부도 열심히 해서 전교 어린이회장도 했어요.

초등학교 5학년 때 아버지께서 교통사고로 돌아가셨어요. 그때는 그게 어떤 의미인지 아무것도 몰랐어요. 그 사건을 계기로 어머니는 자식 교육에 대해 큰 결심을 하신 것 같아요. 삼 남매를 데리고 교육을 위해서 서울로 이사하셨어요.

엄마가 일하러 가시면 아이들 셋이서 시간을 보냈는데 저는 부모님에 대해 상당히 외로움을 느꼈던 것 같아요. 그리고 서울로 전학을 왔는데 인원이 많다 보니 다양한 친구들이 있잖아요. 당시에도 학교 폭력이라는 게 있었어요. 지금보다 더 심했던 것 같아요. 저는 직접적인 괴롭힘을 당하지는 않았지만, 반에서 힘센 친구가 약한 친구를 괴롭히는 걸 지켜보는 게 괴로웠어요. 그렇다고 힘이 없는 제가 나설 수도 없었어요. 이런 고민이 저를 힘들게 했죠. 누군가 괴롭힘을 당하는

데 내가 해줄 수 있는 게 없어서 외면해야 하는 그런 상황들. 저 자신을 바보라고 생각했어요. 그래서 힘을 키우고 싶다는 생각을 많이 했고 어머님께 합기도장을 보내 달라고 말씀드렸어요. 2년을 졸라서 중학교 3학년이 되던 해에 다니기 시작했죠. 그게 저의 중학교 시절이에요.

편 학창 시절에 좋아했던 책이나 작가가 있나요?

고 토요일 학교 수업이 끝나면 종로에 있는 서점까지 걸어갔죠. 이 세상과 인생에 대한 지혜가 녹아 있는 책들을 많이 찾아서 읽었어요. 특히 『탈무드』요. 서울로 이사하면서 경험한 환경의 변화 앞에서 무력감을 느낀 것 같아요. 내가 사는 이 세계에 대해 알고 싶었어요.

편 고등학생 시절은 어떠셨어요?

고 교내 방송반에 들어가서 동아리 활동을 시작했어요. 고등학교 시절은 행복했던 것 같아요. 또래 관계에 집중했던 것 같아요. 공부는 별로 걱정하지 않았어요. 언제든지 공부를 시작하면 나보다 잘하는 친구들을 금방 따라잡을 수 있다고 생각했죠. 1, 2학년 때 교우관계에 집중하고 3학년에 올라가서 공부하자고 정했어요. 고등학교 때는 어머니가 걱정하실 정도로 친구들과 늦게까지 어울려 다녔고 그걸 아신 어머니께서 많이 속상해하셨어요.

편 방송반을 들어간 계기가 있나요?

고 중학교 때 어머니와 누나가 제 목소리에 대해서 많이 지적하셨어요. 제 목소리가 안 좋대요. 아나운서가 되겠다고 결심했어요. 1학년 2학기에 분야별 연습을 하고 2학년부터 학교 방송을 했어요. 어머니께 무언가를 보여드리고 싶었어요.
"어머니는 제 목소리가 듣기 싫다고 하셨지만 저는 그렇게 생각하지 않아요."라고 말씀드렸죠. 2학년 가을의 방송제 때 어머니를 초대해서 제 실력을 보여드렸죠. 그런데 제가 부모가 되고 중학생이 된 제 아들을 보니까 전화를 되게 귀찮다는 듯이 받아요. 아이의 목소리가 별로 유쾌하지 않게 느껴져요. 되돌아 생각해보니 어머니도 제게 비슷한 느낌이 들었을 것 같아요. 제 내면에 관해 이야기하고 싶으셨겠죠. 그걸 표면적으로 목소리가 이상하다고 말씀하신 것 같아요.

편 대학 진학은 어떻게 하셨어요?

고 고등학교 3학년 올라가면서 고민이 깊어졌어요. '나는 대학을 못 갈 거야. 엄마가 지방에 있는 대학은 안 된다고 했으니까. 졸업하면 나는 어떻게 살아야 하지.' 서울 소재 대학교와 지방 대학교. 딱 그 경계에 있었어요. 서울에 있는 4년제 대학교에 원서를 썼는데 다 떨어졌죠. 재수하는 동안 열심히 공부해서 좋은 대학에 가는 극적인 이야기를 만들어야 하는데 그게 또 안 되더라고요. '나는 이제 어떻게 해야 하나.'

지방대를 가더라도 명분을 세워서 가자는 생각을 했고 경찰행정학과를 발견했죠. 경찰행정학과는 서울에 있는 D 대학교에 처음 생기고 두 번째로 그 지방대에 생긴 거였어요. 입학하는 학생들 대부분이 서울에 있는 경찰행정학과에 떨어진 친구들이었죠. 지방대학교에 가지만 학과는 좋은 곳이라는 생각에 입학을 결정했어요.

편 대학교 졸업 후에 바로 경찰 시험을 보셨어요?

고 ROTC(학생군사교육단)에 입단했어요. 사실 학교생활보다는 ROTC 생활을 더 많이 한 것 같아요. 졸업하고 바로 군대에 갔죠. 입대하면서 '아버지께서 어렸을 때 육사를 가라고 하셨는데 육사는 아니지만 그래도 군 생활은 장교로 할 수 있게 됐구나.'라는 생각을 했어요.

경찰행정학과에 입학하기 전에는 내가 경찰이 된다고 생각한 적이 없지만 입학하고 나서 직업 경찰에 대해 생각했어요. 그리고 ROTC를 하면서 돌아가신 아버지께서 말씀하셨던 직업군인을 경험했죠. 한 해에 ROTC가 3천 명 정도 소위로 임관을 해요. 그중에서 전공이나 성적을 기준으로 병과를 나눠요. 전투하는 보병, 포병 등이 있고, 저는 그 당시에 군사경찰을 지원했죠. 딱 15명만 뽑아요. 그런데 학군단 성적이 좋아서 군사경찰이 됐죠.

편 프로파일러를 하겠다고 결심한 건 언제인가요?

고 군사경찰을 하면서 프로파일러 라는 직업에 대해 구체적으로 생각하게 됐죠. 사실 프로파일러는 고등학생 시절에 먼저 알았어요. 미국 FBI 프로파일러 출신들이 『살인자들과의 인터뷰』라는 책을 출간했고, 그 책을 모티브로 해서 만든 영화가 〈양들의 침묵〉이죠. 우리나라에서 1993년 전후로 개봉했을 거예요. 그 영화를 통해 프로파일러를 처음 접했고 만약 경찰이 된다면 제복 입은 경찰이 아니라 프로파일러를 하고 싶다고 생각했어요. 국군 수도방위사령부에서 3년간 군 생활을 했는데 제가 그때 영창에서 근무하면서 프로파일러를 흉내 냈던 것 같아요. 그 당시에 우리나라에서 큰 사건들이 발생해요. 특히 유영철 사건이요. 2003년은 사건이 제일 많이 발생한 해였는데, 프로파일러가 투입되는 걸 보면서 '나도 저 일에 관심이 있어. 할 수 있어.'라는 생각을 했어요. 직업군인보다 프로파일러를 더 잘할 수 있을 것 같았어요. 저 일을 해야겠다는 생각을 확고하게 했죠.

편 자신이 이 직업에 왜 적합하다고 생각하셨나요?

고 중학생 시절, 주말마다 종로의 서점에 가서 책을 많이 읽었다고 말씀드렸잖아요. 제가 그 당시에 관심을 가졌던 건 이런 거였어요.

여러 가지 상황과 그것을 둘러싼 분위기
한 사람에 대한 함축적인 이야기
표면적으로 나타나는 것과 반대되는 그 무엇

한 사람의 이야기를 들을 때 '표면적인 말이 아닌 진짜 속마음

은 어떨까?'

내가 의도하지 않은 어떤 상황에 놓였을 때 '분위기를 빨리 파악하려면 어떻게 해야 할까?' 등의 고민을 했어요. 쉬운 말로 하면 눈치를 잘 본다고 할까요? 중학생 시절의 그런 고민이 제게 많은 도움이 되었어요. 그런 것들이 범죄자의 심리 분석에도 통했죠. '이 범행의 실제적인 동기는 무엇일까?' 사실 범죄자 자신도 잘 모를 때가 많거든요. 제가 왜 그런 것들에 관심을 가졌는지는 몰라도 과거의 이런 전조로 인해서 내가 프로파일러를 하면 잘할 수 있겠다고 생각했어요.

편 군 생활을 하시면서 시험을 보셨나요?

고 저는 2000년에 입대해서 2005년에 제대했어요. 유영철이 2004년에 검거되면서 우리나라도 프로파일러를 채용하고 육성해야 한다는 목소리가 높아지죠. 2004년에 계획을 수립하고 2005년에 프로파일러 첫 특별채용이 있었어요. 제가 전역하는 시기와 맞아떨어졌죠. 전역 전에 교육사령부에서 근무했는데 전역하기 한 달 전인 5월에 프로파일러 특채시험이 있었어요. 1차 서류전형, 2차 실기시험 모두 합격했어요. 6월 30일에 전역하고 7월 10일에 마지막 면접시험을 치렀죠. 7월

21일에 최종합격을 해서 바로 프로파일러가 되었습니다.

■ 우리나라 프로파일러 첫 특채에 합격하신 거네요. 출발이 어떠셨어요?

■ 일반 경찰관은 순경으로 지구대 파출소에서 근무를 시작해요. 프로파일러는 그 당시 15명을 채용했어요. 계급은 경장이었죠. 15명이 각 지방 경찰청 과학수사계에 발령되어서 프로파일러를 했어요. 저도 신임 교육과정 끝나고 지방경찰청에 발령받았어요. 제 동기가 15명인데 남자 4명, 여자 11명이었죠. 심리학, 사회학 전공의 특성 때문에 여자 동료들이 훨씬 많았어요. 15명 중에서 서울청에 2명, 나머지 13명이 각 지방청에 한 명씩 갔죠. 저는 그 당시 경기도에 살고 있었어요. 당연히 경기지방경찰청에 지원했죠. 그런데 다들 서울, 경기 지역에 거주하다 보니 수도권 지역으로 지원이 몰렸죠. 어쩔 수 없이 서울, 경기 근무는 경찰학교 성적으로 경쟁하자고 의견을 모았어요. 마지막에 성적이 나왔는데 15명 중에서 3등을 했어요. 2등을 한 동기가 서울을 지원한다고 해서 안심하고 있었는데 갑자기 경기청을 지원했어요. 어쩔 수 없이 제가 지방으로 갔죠. 제가 만약 3등보다 아래였으면 제주도에

갔을 거예요.

서울청에서 일하는 동기들은 매일 강력 사건이 터져서 언론의 관심을 받더라고요. 2004년, 유영철을 검거하고 난 직후라서 더했죠. 주변 사람들이 너도 프로파일러인데 도대체 뭐하냐고 물어보더라고요. 저는 하는 게 없었어요. 무언가를 맡아서 하고 싶었죠. 그때 서울청에서 정남규를 검거해요. 유영철보다 더한 연쇄살인자라고 알려지면서 엄청난 조명을 받아요.

제가 있던 지방청은 사건이 별로 없었어요. 어쩌다가 사건이 나서 내가 가겠다고 연락을 하면 이미 잡았다고 오지 말래요. 결국 저는 그 지방청에서 10개월 동안 사건을 하나도 경험하지 못했어요.

서울에서 정남규를 검거하고 난 후 경찰청 과학수사센터에 중앙 범죄행동분석 팀을 만들기로 했는데 동기 프로파일러 4명이 포함된다는 소식을 들었어요. 프로파일러 일을 제대로 하고 싶다는 생각으로 본청에 지원했고 선발돼서 근무를 시작했죠.

편 정남규 연쇄살인 사건에서 서울청에 계신 프로파일러 동료 두 분이 중요한 역할을 했나요?

고 그럼요. 둘 다 여자 동료였어요. 지금은 다 사표를 냈죠. 한 친구는 검찰 쪽으로 갔고 다른 한 친구는 드라마 '시그널'의 보조 작가를 했어요. 그리고 당시 서울지방경찰청에 우리나라 최초의 프로파일러 권일용 팀장님이 계셨어요. 2000년 서울청 과학수사계의 첫 프로파일러죠. 유영철 사건, 정남규 사건을 다 담당하셨어요. 권일용 팀장님이 경찰청 팀장으로 발령 나고 저를 포함한 동기 4명이 합류해서 활동을 했어요.

편 프로파일러를 포기하고 싶었던 순간은 언제인가요?

고 원하지 않는 부서에 강제 발령받았을 때요. 저는 일선 경찰서 형사를 1년 정도 했어요. 인생에서 그때처럼 힘들었던 적은 없었어요. 당시에는 경찰을 그만둘까도 생각했지만, 그 경험이 저에게는 소중하게 남았어요. 경찰서 형사 근무를 하면서 범죄자들을 처음부터 조사하고 수사해서 송치했죠. 1년을 버티고 프로파일러로 돌아왔을 때 형사들의 대우가 달라지더라고요.

형사들은 프로파일러에게 학교에서 배운 이론만 갖고 왈

가왈부하지 말라고 하는데 1년간 형사를 하고 오니까 아무도 그런 말을 하지 않더라고요. 제가 형사를 해 봤으니까 대화가 통할 것 같다고 하셨죠.

사실 전에는 범죄자를 대하는 게 어려웠어요. 다룰 줄 몰랐던 거죠. 그런데 형사를 하면서 매일 절도, 폭력, 살인사건의 범죄자를 잡아서 조사하고 유치장에도 넣었다가 빼고, 서류를 만들어서 검찰청에 보냈다가 수사 지휘하는 검사에게 불려가서 똑바로 못했다고 사유서도 썼죠. 이런 것들을 겪고 나니까 프로파일러를 하면서 어떤 범죄자를 만나도 자신감이 생기고 그들을 다룰 수 있고 형사들이 우리한테 알려주지 않았던 수사 과정도 경험을 통해서 알게 되었어요.

원하진 않았지만, 그 1년의 경험이 제게 큰 보람이 되었죠. 프로파일러들은 강력 사건만 하기 때문에 일반 형사에 대해서 강의하기는 쉽지 않아요. 그런데 저는 1년의 소중한 경험으로 신임 후배들에게 사실적인 강의를 할 수 있죠. 사표를 낼 정도의 시련도 있었지만, 그것을 견딘 보람이 있다고 생각합니다.

편 동료분들과 서로의 속마음을 이야기할 때가 있잖아요. 무엇을 힘들어 하나요?

고 저희가 14년 됐는데 14년 전에 한 이야기를 지금도 해요. 내부에서 우리 업무가 명확하지 않다는 거죠. 과학수사계 안에 프로파일러가 있는데 사건이 매일 있는 게 아니니까 다른 업무를 병행하고 있어요. 서무 등 행정적인 업무를 하다가 사건이 일어나면 현장에 가는 거예요. 내가 해야 하는 일은 사건 프로파일링인데 다른 업무도 병행하다 보니까 잘 안 되는 부분들이 있어요. 그리고 원하지 않는 곳으로 발령이 나기도 하죠.

프로파일러 1기 특채로 초창기 시절을 보내면서 많이 들었던 이야기가 "힘든 건 알지만 알아서 생존해라. 너희가 일선 현장에 가서 인정받아 알아서 생존해라."였어요. 동기가 15명인데 현재 7명밖에 안 남았죠. 나머지 반은 생존하지 못한 거예요.

우리를 이해해 주시고 프로파일러 채용에 관여하셨던 분들은 지금 남아있는 프로파일러 30여 명을 수사연수원 같은 곳으로 다 모아서 현장지원팀, 연구팀, 교육팀 이렇게 운영하려고 계획을 잡고 계세요. 그렇게 되면 훨씬 더 좋겠죠.

편 어떤 책에 이런 구절이 나오더라고요.

「나는 사실 범죄자가 될 뻔했는데, 경찰이 되었다. 폭력적이고, 사회를 원망하고, 또 잔인한 습성이 있었지만 내게는 '의미 있는 타인'이 많았다. 나를 지켜주는 사람들. 부모님, 친구들, 친구들의 부모님, 이웃집 아줌마 등」

선생님께 의미 있는 타인은 누구인가요?

고 저는 어머니예요. 고등학생 시절에 말썽을 많이 부렸다고 했죠? 성적도 안 좋았어요. 그 부분에 대해서는 지금도 열등감이 있어요. 그래서 학생들에게 솔직히 말하죠.

"저는 못 했지만, 여러분들은 열심히 해야 합니다."

어머니는 항상 기다려 주셨어요. 대부분의 부모님이 그렇게 하시겠죠. 그렇지만 포기할 수도 있거든요. 저는 아버지가 안 계셨고 어머니가 아버지의 역할까지 다 하셨는데 당시에는 어머니의 마음을 몰랐죠. 그래도 어머니는 저를 포기하지 않고 기다려 주셨어요. 기회를 주신 거죠. 어머니의 믿음이 제 인생에서 가장 중요해요.

프로파일러가 돼서 깨달은 게 있어요. 저와 마주 앉아서 이야기하는 범죄자와 제가 비슷한 부분이 상당히 많다는 거죠.

'아, 나도 그 시절 저렇게 했었는데.'

'나도 저런 생각과 행동을 했었는데 왜 이 사람은 범죄자가 되고, 나는 프로파일러가 되었을까?'

그 질문에 대한 답은 저희 어머니예요. 사춘기 시절, 친구들과의 일탈 속에서도 어머니를 생각하며 범죄냐 아니냐의 경계에서 올바른 판단을 할 수 있었어요.

편 어머니께서 자기 아들이 프로파일러가 된 것을 자랑스러워하시죠?

고 군사경찰이 되었을 때, 프로파일러가 되었을 때 모두 자랑스러워하셨어요. 제가 부모가 되고 보니, 아마 건강하게 잘 자라준 것만으로도 자랑스러우실 거 같아요. 언론에 몇 번 나오고 잡지 인터뷰를 한 자료들을 다 모아두셨더라고요. 저희 어머니가 원래 표현을 잘 안 하시는 분이에요.

편 중학생 시절에 『탈무드』를 제일 감명 깊이 읽었다고 하셨어요. 최근에 읽은 책이나 즐기는 문화생활이 있나요?

고 중학생 때는 누군가가 저에게 이 세상에 대해 많이 알려주기를 바랐어요. 『탈무드』를 보면 현자가 끊임없는 조언을 해주죠. 최근에는 고전을 주로 읽으려고 노력해요. 니체, 도

스토옙스키 등을 좋아해요. 문화생활은 클래식 듣는 걸 좋아하죠.

편 클래식을 듣고 고전을 읽는 이유가 있나요?

고 궁금해요. 이 작품이 어떻게 백 년, 이백 년이 지나도 여전히 사람들에게 감동을 줄 수 있을까. 그 이유를 확인하고 싶어요. 고전들이 지금까지 우리에게 무엇을 주고 있는지 직접 확인하고 싶어요. 결론은 인간 본질에 대한 통찰이에요. 고전은 프로파일러인 제게 큰 가르침이 되고 있어요.

편 선생님의 꿈은 무엇인가요?

고 각 분야의 전문가들로 팀을 이루는 수사전문가 집단을 구성하고 저도 그 팀의 일원으로 미제사건을 해결하고 싶어요. 제 경찰 인생의 시작은 프로파일러였지만, 삶의 끝은 경찰 수사 역사에 남는 '대선배'가 되고 싶어요. 형사 실무경험, 법 과학 전문가로서 활동하는 지금의 직무 경험, 중앙경찰학교에서 후배들을 양성한 교육 등의 모든 경험을 토대로 후배들의 든든한 멘토가 되어 수사 실무에 조언하는 전문가로 활동하고 싶어요.

편 프로파일러라는 직업이 선생님의 운명일까요?

고 어렸을 때 부모님의 영향이 컸어요. 저는 피부 알레르기가 있거든요. 조금만 자극을 받아도 금방 부어오르죠. 그래서 부모님에게 몸을 사용하는 일은 할 수 없을 거라는 말씀을 늘 들었어요.

대학 시절, 경찰행정학과 동기들이 다 의경을 지원해서 가더라고요. 나도 가야 하나 고민했죠. 그런데 제게는 대학교 1학년 때부터 만난 여자친구가 있었어요. 지금의 아내죠. 함께 있어 주기로 한 약속을 지키고 싶었어요. 멀리 가지 않고 군 복무를 할 수 있는 방법을 찾다가 ROTC를 알게 되었죠. 대학 졸업 후에 일반 기업에서 일하고 싶지 않았어요. 내가 이익을 창출하고 그 대가로 누군가에게 돈을 받는 게 싫었죠. 취직해서 돈 벌기 위해 사는 것보다는 인생의 의미를 깊게 하는 직업을 갖고 싶었어요. 결국에는 공무원으로 정했고요.

지금 제 운명에 관해 물어보셨잖아요. 그때 아내를 만나지 않았다면 서울에 왔거나 평범하게 입대해서 동료들과 비슷한 길을 갔을 거예요. 그렇지만 학군단에 들어가서 활동하고 병과를 선택할 때 친구가 저를 놀려서 욱하는 마음에 군사경찰을 지원했죠. 그 덕분에 수도방위사령부에서 군 생활을 하며 유영철의 범죄를 접한 거죠. 그런 과정을 통해 프로파일러의 직업을 갖게 되었으니 지금 되돌아보아도 신기해요. 모든 것이 운명 맞는 것 같아요.

이 책을 마치며

편 『정의롭다면 프로파일러』 개정판을 만들면서 삶과 직업은 분리된 둘이 아니라 마블링처럼 하나로 녹아내리는 작품이라는 생각이 들었습니다. 한 사람이 운명적인 직업을 찾아내고, 그 직업을 통해 아픔과 성장을 반복하면서, 사회에 도움이 되는 선한 순환을 보았습니다.

사람들은 간밤에 꿈에서 무서운 장면을 보면 아침에 일어나도 머리가 아파요. 잔혹범죄 현장을 분석하고 범인을 잡기 위해 밤낮을 쪼개어 수사하는 게 어떻게 쉬운 일이겠어요. 인간 내면에 자리 잡은 정의감과 사명감이 만드는 기적이라고 생각합니다. 모든 직업은 그런 것 같아요. 처음에는 단순한 일로 시작하지만, 그 일이 우리 마음에 자리 잡은 강한 의지와 지혜, 그리고 용기와 만나서 내 삶의 기적이 되고, 주위까지 비추는 소중한 등불이 됩니다. 한 편의 감동적인 영화를 감상한 느낌입니다. 선생님께 진심으로 감사드려요.

선생님! 장시간의 인터뷰였어요. 이 책의 마지막까지 선생님과 함께 달려온 독자분들에게 인사를 부탁드립니다.

고 미국 심리학자 데이비드 맥크릴랜드^{David Maclelland}는 통상적으로 함께하는 사람이 우리의 성공이나 실패의 95%까지 결정한다고 말했어요. 그리고 미국의 동기부여 강사 짐 론Jim Rohn은 "우리는 가장 많은 시간을 함께 보내는 다섯 사람의 평균이다"라고 말했고요.

변화를 원한다면 가장 많은 시간을 보내는 다섯 사람이 누군지 돌아보세요. 이 중 세 사람은 배울 점이 많은 탁월한 사람이어야 꿈을 이루고 성공할 수 있어요.

지금부터 좋은 사람들 그리고 긍정적인 책과 어울려 보세요. 언젠가 꿈을 이룬 자신을 발견할 수 있을 거예요.

여러분과 함께 해서 저도 행복했습니다. 제 자신을 되돌아보고 인생을 계획할 수 있었던 뜻 깊은 시간이었습니다. 저 또한 여러분께 감사드립니다. 지금까지 읽어주셔서 감사합니다.

여러분의 꿈을 응원하며 프로파일러로 만날 그날을 기다리겠습니다.

편 이 세상의 모든 직업이 우리 학생들을 향해 문을 활짝 여는 그날까지 잡프러포즈 시리즈는 여러분과 함께 달려갑니다. 여러분과 제 앞에 많은 노력과 좌절, 성장이 기다리고 있겠지만 자신의 꿈과 행복을 향한 그 걸음을 절대 멈추지 마세

요! 여러분이 포기하지 않는다면 그 누구도 여러분의 걸음을
멈추게 할 수 없습니다.

우리의 꿈을 향해 모두 함께 파이팅!
감사합니다.

경찰학교 강의

엘리베이터에서
지문을 채취하고 있는
과학수사요원들

정의롭다면 프로
파일러

청소년들의 진로와 직업 탐색을 위한
잡프러포즈 시리즈 01
정 의 롭 다 면

프로
파일러

2016년 10월 05일 | 초판 1쇄
2023년 9월 20일 | 2판 4쇄

지은이 | 고준채
펴낸이 | 유윤선
펴낸곳 | 토크쇼

편집인 | 김수진
디자인 | 김경희
마케팅 | 김민영

출판등록 2016년 7월 21일 제2019-000113호
주소 | 서울시 마포구 월드컵북로98, 2층 202호
전화 | 070-4200-0327
팩스 | 070-7966-9327
전자우편 | myys327@gmail.com
ISBN | 979-11-88091-72-0(43190)